大展好書 好書大展

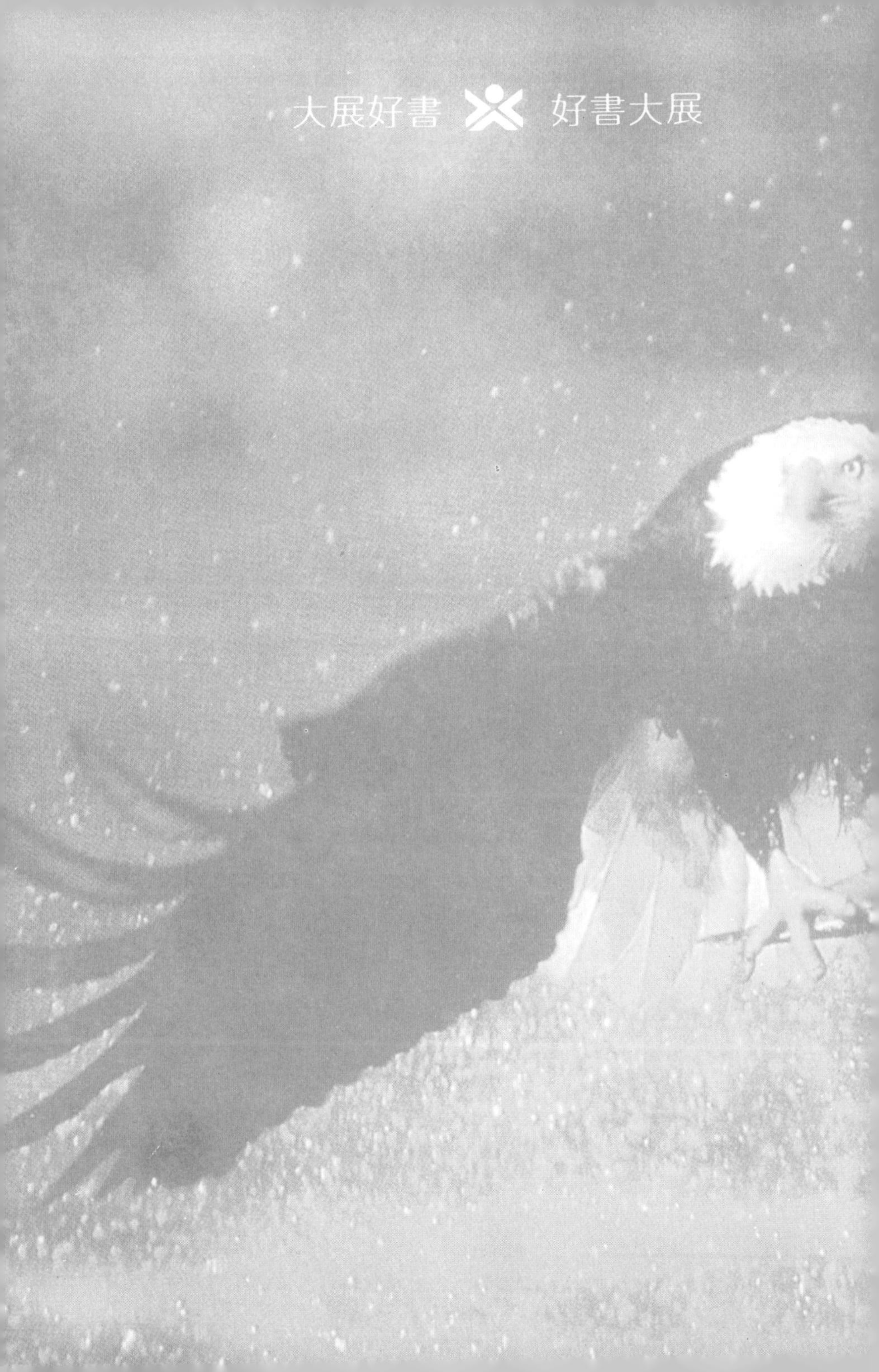
大展好書 好書大展

實用心理學講座

13

構想力

多湖輝／著
陳蒼杰／譯

大展出版社有限公司

目錄

序　言
本構想技巧，改變你成為有創意的人……五
第一章　隨時可使用創造性構想的流程圖
(1)以思考架構列舉一切要素……一八
(2)依思考流程圖，人人皆可獲得構想……三二
第二章　獲得新構想的十五種構想技巧
構想技巧①　累積法《PUP》……四〇
構想技巧②　添加法《ADD》……四八
構想技巧③　組織法《ORG》……五六
構想技巧④　連結法《CON》……六五

構想技巧⑤　組合法《COM》……七一
構想技巧⑥　分開法《DIV》……七七
構想技巧⑦　消除法《OMIT》……八七
構想技巧⑧　縮小法《FOCUS》……九七
構想技巧⑨　倒置法《REV》……一〇二
構想技巧⑩　轉移法《SLIDE》……一一二
構想技巧⑪　置換法《IC》……一二一
構想技巧⑫　擴大法《EXP》……一三二
構想技巧⑬　繞道法《DET》……一四二
構想技巧⑭　嬉遊法《PLAY》……一五二
構想技巧⑮　回歸根本《RTB》……一五九

本構想技法改變你成為有創意的人——序言

思考最單純的問題

首先，為試驗你的創造能力，請思考以下問題。不要認為「這有何意義！」至少請耗費五分鐘，尋找各種的「連結方法」。

問題1

A與B連結。

・A

・B

其實，這問題很單純，並無設定任何困難狀況。請各位「思考」但如何思考，可能多數人感覺困擾。首先，可能有不少人認為「不知問題所在」。

無法擺脫呆板思考模式的人，會反射性的認為以直線連結A與B即告結束。然後，不屑一顧的說「太無聊！」而放棄以上之思考。

但，不論在生意場合，或生活層面，舉凡被要求現場作創造性思考時，我們常會遭遇如前面問題般「我不知問題所在」的狀況。

當時，若能在自己的頭腦中引導出自由奔放、且不受既成思考模式束縛的構想，才是生死之關鍵。

以下，介紹我所服務大學的心理學選修學生，思考時所回答的幾個問題。

首先，在下一頁（ㄅ），我將最傳統的回答加以分類。

①是對該問題回答的基本型。該基本型的單純變化型有三種系列。

②是以曲線取代直線。

③是使曲線複雜化之例。

④→⑤是以折線取代直線。

朝此方向擴大構想，以思考技術言，屬於比較性初步階段，與其說是創造不如說是改良反較接近。以現代數學之言語表達，稱為線型構想。如③一般，與使用「ＫＩＢＡＴＳＵ」文字連結，在原理上未脫離線型構想之領域。

與此相比，⑥→⑦的思考模式顯見已有些飛躍。亦即「若朝連結方向逆轉，不知結果如

●傳統性回答

（ㄅ）

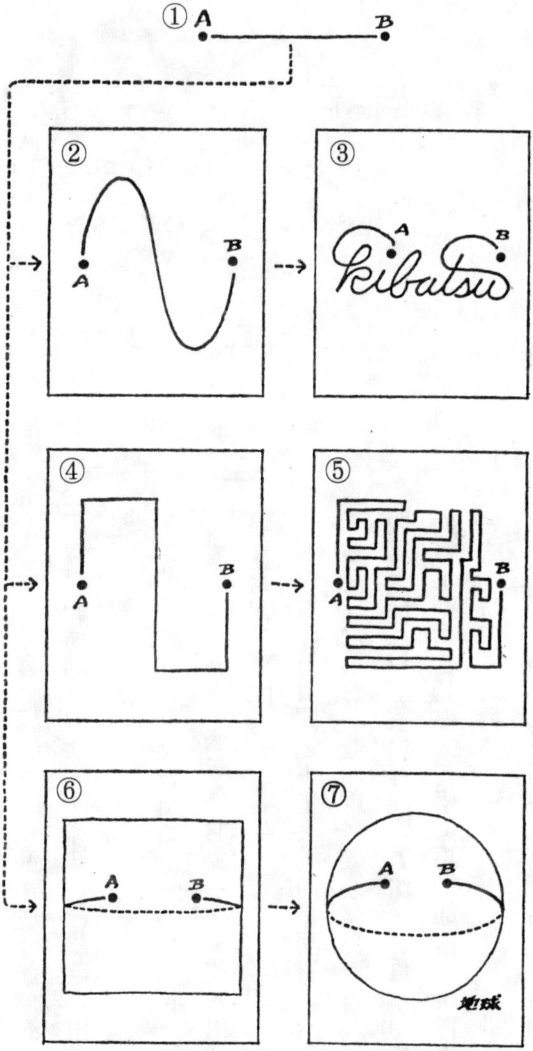

●再思考之回答

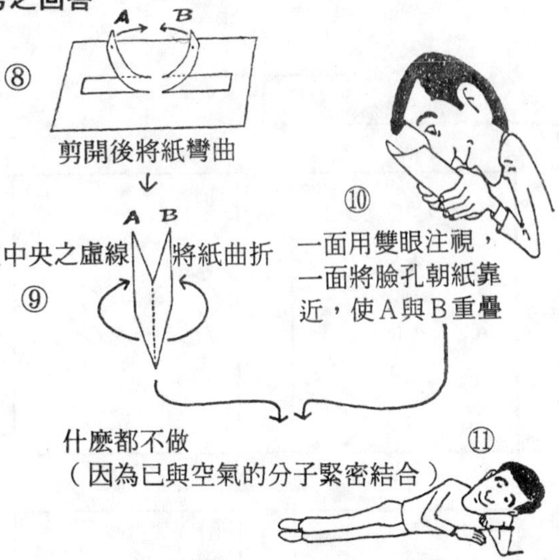
A
B
⑧
剪開後將紙彎曲
A B
在中央之虛線
將紙曲折
⑨
⑩
一面用雙眼注視，
一面將臉孔朝紙靠
近，使A與B重疊
什麼都不做
（因為已與空氣的分子緊密結合）
⑪

（ㄆ）

何？」之構想。如果A與B之間有障礙物時，則此構想為解決創造性問題之有效技法。

但，再稍動腦筋一下。思考是否有「不使用線而能連結之方法」。亦即自己試著再出一些「問題」。

若能如此，則能想出如上圖（ㄆ）所介紹的幾個回答。⑧是將A與B靠近之構想。由⑧轉移至⑨並無困難。

⑩並非針對問題下工夫，而是回答者本身轉變想法之構想。並非以客觀性存在事物做為問題，而注目主觀性存在之方法，以哲學領域而言，則相當於偉大哲學家馬紐耶爾·康得著名的「哥白尼式轉換」法。

然而，能思考⑨與⑩的答案者，多半陶醉於自己「名回答」，在此即停止思考的人居多。但擁有創造性思考的熟練者，在⑨與⑩的延

●以嬉遊之心獲得回答

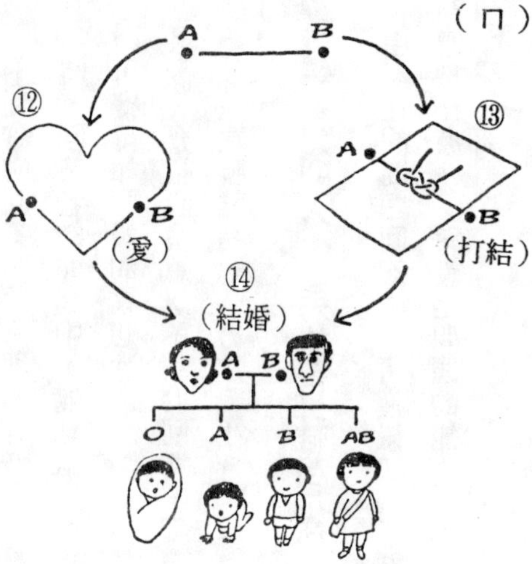

長線上，會進一步想到⑪的回答。達此程度，這問題又再度成為「任何問題也沒有」了。

當然，同樣回答「無問題」，但停駐於①的基本型，與把構想擴大至⑪的人，雖然說出口之語言相同，但其本質卻有天壤之別。

調皮、嬉遊的精神會帶來創意

雖同樣由①的基本型構想，但獲得令人驚嘆回答之例，是上圖（ㄇ）的系列。思考的飛躍是始於嬉遊中。

⑫是以塗鴨的精神作成心型的圖形，⑬是以熨斗袋（印有禮簽、禮繩的封筒）的水引（禮品帶）為啟示所得的答案。都是以線連結A與B兩點，乍看是很平凡之構想，但其本質上卻意味著附加創造性價值。

以⑫為例表示「愛情」之意，⑬是「祝賀

」之價值。愛情與祝賀，容易使人聯想到結婚。「A與B結婚……。原來如此！A型的男性（或女性）與B型的女性（或男性）連結結婚的話，出生孩子的血型……」，驅使這種創造性的連想，所得之回答為⑭。

由①到⑬的回答，將A與B作空間性結合，而思考結構範圍內之事物。被指示「連結A與B」時，回答者的頭腦中，無意識中即以「這是空間性問題」為大前提。如能排除此大前提，即可獲得如⑭般的構想。

最後，介紹我曾意想不到的回答，即第十一頁的回答。乍看之下，彷彿是無聊的塗鴉，但創意多是在脫離範疇時方才誕生。

無構想力的人，與旅行社包辦的「JAL團體旅行」模式相同

由現在的問題回答中，可獲得二個重要的啟示。一是不擅長創造性構想的人，缺乏追問「問題是什麼？」與設定問題的能力；另一種是，產生新構想之能力是由否定呆板型想法所誕生。

前者，在於不能排除既成事實的結構，後者，是不能排除呆板型思考模式。這都是因為缺乏懷疑、否定、排除思考的能力。

不論如何，日本人總被認為是不擅長創造性構想的人。一切都以固定模式思考，倘脫離

已習慣之模式，即頓感不安。

例如，至海外旅行購買土產品，假定那是自己所陌生的物品時，必然問「這有何用途？」然後，被規定其用途為煙灰缸時，如此就心滿意足，不會再思考煙灰缸以外之用途。

由此點看，外國人會將購買之木屐的穿帶取下，當成鍋墊或作為房間的裝飾品，兩者迥然不同。

同時，新婚夫妻參加至夏威夷或關島度蜜月的團隊旅行時，也都著情侶裝、手挽著手、住同一飯店、吃同樣的飲食。由日本人如此墨守成規的行動中獲得啟示的美國人，現正流行稱為「ＪＡＬ團體旅行」的遊戲。

其遊戲方法是，由參與遊戲的數位孩子中，選擇一位當鬼，儘量做出一些他人無法模仿的動作，讓全體遊戲者模仿其動作，找出其中動作不一致者即當鬼的遊戲方式。

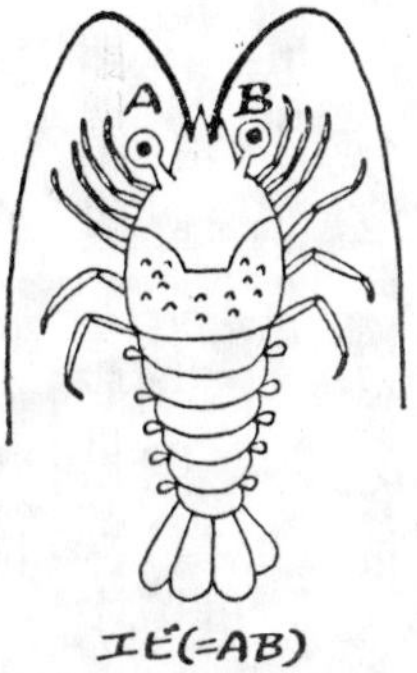

蝦（日本音）＝ＡＢ

如此之遊戲，被附與「ＪＡＬ團體旅行」之名稱，真使日本人無地自容。但美日間的經濟摩擦與先端技術的機密問題等，美國方面的追根究底，好像也擁有如「ＪＡＬ團體旅行」般的相同想法。

為迎接國際化社會與高度資訊化社會的正式來臨，日本與日本企業界人士，今後更需要具有創意。

但，我並不認為日本人毫無創造性構想，因日本人之中也有如湯川秀樹博士或朝永振一郎博士般，完成世界性水準的創作性工作的人。

更極端的說，不論日本人或外國人，我堅信任何人只要學會某種技術，就可進行創造性構想。

創造性構想須有技術。學會其技術，方可排除思考上的盲點，也易將硬化的頭腦靈活應用。

為達此目的，首先必須對任何問題，或被認為是大前提，屹立不動的常識加以懷疑、排除。

從「大前提」中逃避，造成西武百貨公司與城市的成功

愛德華•提波諾的水平思考法之一，稱為「逃避法」。簡單說，這是從自己視為當然的思考方法逃避之技術。

另外，流行的新學究主義也有稱為「範例轉換」的思想。這都與刻意懷疑大前提之思考技術相同。

尤其，有關「範例轉換」這言詞，本來是屬科學史與思想界的專門用語，但西武百貨公司的堤清二先生，卻作為池袋店增建改裝計劃的基本概念，因而成為實業界著名的用語。

本概念，具體上產生「將百貨公司作為市鎮」之構想，以往被譏為「穿木屐（不高雅）的百貨店」「袋的鄉下百貨店」的西武百貨公司池袋店，以此為契機，成為「走在流行尖端的時髦百貨公司」，而大舉飛躍之事實為衆所皆知。

當時，三越的岡田茂前社長，抱怨「書店不賺錢，且無任何附加價值」，遂將書籍專櫃大幅縮小，但新池袋店卻在被稱為「休閒館」的八樓到十一樓，設置了被認為無利潤的書籍、唱片、運動器材、嗜好品等賣場。

正式預見八〇年代文化指向的構想。

由懷疑大前提而獲得創造性構想之事例，在商品開發領域中不勝枚舉。其中一例是本田・城市（City）的大暢銷，即為其代表性事例。

推翻了「流線型汽車最棒」「年輕人喜歡跑車」——的常識化「大前提」，將徹底輕量化與極端確保內部空間而提高車頂為本田・城市之構想。

如此，是否造成形態不優美、或年輕人的完全排斥呢？結果是完全相反。

閱讀本書即可學會「多湖式構想技巧」

國小二、三年級學童寫的作文極為有趣。雖然表現稚拙，但觀察事物的看法與構想，令人驚嘆其獨創性。然而，隨著年級的增加，固定模式的表現愈增加，作文的內容日益無趣。

表示因受教育，雖學會各種知識，頭腦卻反而硬化。

然後，進了大學、且成為企業社會的一份子，長年累月受到教育與公司的手册之「大前提」緊緊束縛，創造能力愈形僵化。依服務手册方式思考，只得到一種「正解」，其思考力完全停滯。

但，我們在年幼時，都擁有極自由奔放、富創意之構想。其創意雖被各種「大前提」腐蝕生鏽，但並非消失，只要排除這些鏽，幼小時的創意又會再度復活。

這種思考的「除鏽機」，即第一章以後，依序敍述的構想技巧。學會這些技巧，任何人皆能成為有創意的人，而這些技巧是任何人皆可學會。

我約於二十年前，即已確信此一事實，追求由猜謎而進行的創造性鍛鍊法。結果出版轟動一時的『頭腦體操』系列，而今，時代變化多端。

依我個人之預想，為對應今後國際化社會與高度資訊化社會，實業界人士必須具備更有系統的創造性構想技巧。因此，本書並非如過去書上所介紹的各種知識與技巧，而是開發新的構想系統。這種技巧即稱為「多湖式構想技巧」。

假定以往對新構想無自信的人，能完全領會這種系統，則猶如突破瀝青路，從大地湧出泉水般，以自然之形態可想出意想不到的構想。

同時，閱讀本書後立即可學會構想的技巧，且能不斷產生新構想。不論如何，一般創造性開發鍛鍊法，多半只停駐於鍛鍊階段即告結束，實際上對必須強迫思考構想時完全無助益的學科或課程不少。

以此角度看，本書不僅鍛鍊開發創意，同時也鍛鍊學會開發實踐性構想的專門知識與技巧之方法。

因此，請各位讀者一起思考多數的問題，自然能學會專門知識與技巧的結構。

多湖　輝

構想力

第一章

隨時可使用創造性構想的流程圖

(1) 以思考架構列舉一切要素

思考現代的都市問題、停車問題

現代是都市文化的社會，所以都市感覺倍受歡迎。另一方面，大都市住宅地區的輪胎現象（住宅地價高，住宅遠離車站，使車站周圍形成空心之現象），愈來愈加速。

再加上，近郊的市郊住宅區，開始進行新市鎮與住宅建設用地的小型輪胎現象。不僅遠離工作地點，連最近的車站，能以「徒步十分鐘以內」到達，也已成為「夢中夢」。

反映這種社會的動態，聽說在近郊都市的國有電車與各私鐵的車站周邊，皆因無數的「擺放自行車」問題而傷神。如今，「放置自行車問題」——之名稱，對自行車的利用者而言很不愉快，已經成為國會之議題，一點也不足為奇。

因此，我們為習得構想的技巧之前，首先應向此深刻的問題挑戰。

遭遇上述的問題時，任何人皆有的反射性「解決策略」是「強制禁止放置自行車」，或「收購電玩店、成人電影院，改設停車場（自行車停車場）」等。

但，其實單方面的「解決策略」，並非本質上的解決策略。以前者之場合言，自行車利

問題2　思考A站周邊放置自行車問題的解決策略

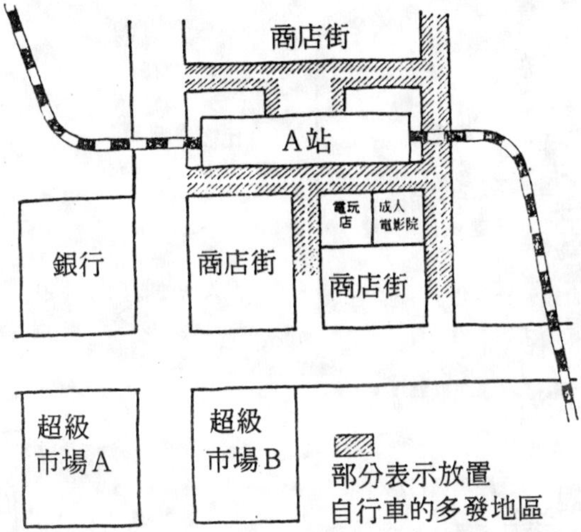

用者的立場完全被忽視，而後者的場合是，未考慮電玩店與成人電影院的經營者之利害。

此外，也許有人會回答「在屋頂上或地下室設置停車場，就沒有問題」。當然其方法也可行。但不僅「不能解決問題」，反而形成了「要設置在哪裡」的問題。該場所若非人人皆可接受的形態，則此構想僅止於構思即無疾而終。

然而，更危險的是在屋頂上或地下室設置停車場構想的人，僅如此就滿足，而且堅持自己的主張，喪失考慮其他構想的彈性思考。只執著於一種構想，與前述二種單方面的「解決策略」無異。

實際上，可能實現之構想是依正確的順序思考，方可獲得無數的解答。

Ⅲ　當事者的屬性

1. 自行車利用者
   - ①男—女
   - ②高—低
   - ③重—輕—
   - ④年長者——年輕者
   - ⑤社會人——學生
   - ⑥健康者——身體殘障者
   - ⑦鄰近——遠方（居住）

   （i）比較（①～⑦）

   - ⑧工作（行業・上班時間）
   - ⑨家族結構
   - ⑩健康意識
   - ⑪金錢感覺
   - ⑫自尊心
   - ⑬公德心

   （ii）個人所擁有（⑧～⑬）

2. 自行車停車場問題關係者
   - ①站前商店主
   - ②電玩店、成人電影院經營者
   - ③超級市場店長與店員
   - ④銀行分行經理與行員
   - ⑤A站站長與站員
   - ⑥所轄行政官員

如提波諾的CAF般，考慮一切要素

以「水平思考」而聞名的愛德華・提波諾所提倡的思考術之一，稱為CAF。CAF這用語是「考慮一切要素（Consider All Factors）」之簡稱。

提波諾說：「CAF是注意力指向的工具。換言之，只是大體上了解主題之意志，轉換為具體化之方法。所謂『CAF』意味著在某種狀況下必須考慮一切的要素。」

產生創造性構想，首先須如CAF般，以「考慮在某種狀況下，必須考慮一切要素」為出發點。但，其行為也須技術。這即所謂「思考的結構」，至於其說明容

• 列舉一切要素

Ⅰ　空間

①電玩店、成人電影院
②站前商店街
③超級市場A、B
④銀行
}（i）很醒目

⑤A站
⑥鐵路
⑦站前巷子
⑧大街
}（ii）不醒目

⑨自行車
⑩汽車
⑪乘客
⑫購物客
}（iii）容易被忽略

⑬遠離空地
⑭附近的河川、海邊、丘陵
⑮住宅地區
⑯下一站
}（iv）看不見

Ⅱ　時間

①早晨的顛峰時刻
②白天
③晚上
④深夜
⑤假日

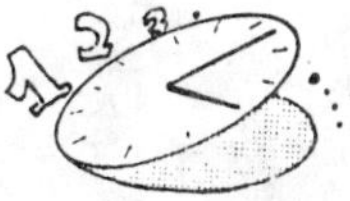

後再詳述，在此列舉出解決眼前所面臨問題之必須要素。

各項要素，如第二〇、二一頁的表一般，大略可分為空間、時間、當事者三種屬性。例如有關空間要素，首先第一列舉之要素為（i）之四項。而（ii）的四項較不醒目，但若要寫出亦非困難。

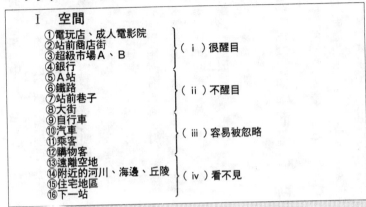

然後，依據（i）與（ii），亦即自①至⑧的八個要素思考，就能含蓋一般人所思考的解決對策之大半部分。從其中列舉可能實踐之構想，並加以評價。

首先「收購轉移電玩店與成人電影院，在其原地興建自行車停車場」，或將這兩家商店「『轉行』為收費停車場」。有關站前商店街，亦比照同樣模式處理，但也可考慮「將商店街建設成附設一個停車場的綜合購物中心」之手法。這都能合算就無問題產生，否則僅是紙上談兵而已。

其次為「改建超市與銀行，在屋頂上或地下室設停車場」之構想。早晨交通顛峰時刻，必然不是超市與銀行的營業時間，故未設置二十四小時開放的免費停車場，即使特地設置停車場，也無法寄望能解決問題。

第三項是，「將A站改建為立體停車場」之構想。調整建地與商店街的關係，對利用者而言，是最理想的解決對策。

此構想能與前述商店街的綜合購物中心，大廈案《連結》，愈能更進一步符合現實。倘能圓滿實現，不論利用者、商店或車站方面，三者皆蒙受其利。

第二理想的案子為「鐵路設高架，其下設置停車場」，或「只將A站周邊地下鐵化，原來之鐵路軌道改建為停車場」。然而以成本面看，前者較符合現實性。事實上，最近這種形態的車站逐漸增加。

注目「自行車」而獲得「製作單輪車」之構想

車站前的巷子與大街之使用方法，尚須再動腦筋思考。例如：「在大街上建造寬廣的天橋，將街道的上方作為停車場」。這即所謂《添加》的空間。

或是「巷子禁止汽車通行而兼作停車場」。依據《倒置》禁止「放置」之想法，而思考

「如何方能擁有寬敞且方便擺放自行車的場所」➡「禁止目前之競爭對象的汽車通行」之構想。

接著回復第二一頁的要素一覽表。從⑨的自行車到⑫的購物客，經常移動。由於與我們較親近，所以往往易被忽視，但其實這也是重要之要素。

注視⑨的自行車時，必然會浮現「自行車不放置車站周邊」之方案。但在此場合下，必須依其他之交通工具《**取代**》自行車；確保乘客之交通。

最傳統的方案是「利用公車」之手法，但想稍微《**嬉遊**》，立刻會浮現「移動人行道」「走動的鞋子」「挖掘水道」等之構想。

最具《**嬉遊**》之構想，即「改造自行車」之一連串的構想。亦即「摺疊式可裝在放物櫃（車站裡放小件行李用之櫃）」、「游泳圈式的空氣自行車，把空氣排除後變成如放衣袋之大小」「製造使用後拋棄式」，即製造「使用後拋棄之自行車」、或「發明乘客下車後無人駕駛能自行歸宅之遙控式自行車」等。

雖非改造或發明，但仍注目自行車問題，而思考「最重要的是能不占空間的場所」之構想，或《**拆除**》一個車輪的手法。亦即單輪車。

注意汽車時，非一味禁止或取締自行車的停車場，反而是產生「禁止汽車的停車或通行」之構想，已如前述。至於，注目有關⑪的「乘客」與⑫的「購物客」之方法，容後再述。

只是看車站周邊，無法解決根本問題

屬於（ⅳ）之範圍的四項目，的確與眼前的問題有密切關係之空間性要素，但未出現於問題的地圖上，只是將視點停駐於A站周邊看不見的要素。但這些要素，有時亦會形成創造性解決問題的契機。

以目前的問題言，⑬的「遠離空地」或⑭的「附近的河川、海邊、丘陵」，是於必要時使用加工手法——「河川加蓋」、「埋沒海邊」、「削減丘陵」等，做成自行車停車場。

此時之問題為《**取代**》，從比較遠離的停車場至車站的代替交通工具。或徒步、或接送巴士、或至車站間能自動移動的步道、水路。例如從丘陵地的高處，使用滑梯、纜車之手法。但在必須巴士接送的遠方設置自行車停車場，幾乎不能期待其效果……。

接著是⑮的「住宅地區」或⑯的「下一站」之思考方式。則會產生「為何放置那麼多自行車？」—「因由住宅步行至車站太遠」《**回歸根本**》。

以此立場思考事物，則可引出「將車站轉移住宅區」，或「將車站拆除」、「或在與下一站之間另設一個新的車站」等，依據不受A站周邊事情所侷限的更寬闊視野，尋找解決問題的構想。

以構想的關鍵語整理思考

過去，以空間性要素為材料，具體說明如何才能產生出構想之方式。在其說明中，筆者刻意以黑體字及括弧標明一連串的語言。

亦即《**連結**》《**添加**》《**倒置**》《**取代**》《**嬉遊**》《**拆除**》《**回歸根本**》等。這都是以簡單的一句話，表示如何操作、改變要素。

以列舉之一切要素為材料，思考解決問題之一切可能性，即為創造性思考，則從其材料中產生構想時的關鍵語，除了這些言語外無他。筆者在本書第二章所介紹的一五個「構想技巧」之名稱，都是使用這些關鍵語。

我們於二六、二七頁之圖示，有關時間的諸要素為例，依據各種「構想的技巧」，如何操作、變形，成為對解決問題有助益之構想。

依此方式圖示思考的流程，以關鍵語整理思緒，而湧出新的構想。這事實即引導出我的「思考的流程圖」之構想。

在二十頁所介紹停車問題的要素中，列出「當事者的屬性」，於此進一步說明。這是將空間要素列出之「乘客」「購物客」加以擴大解釋，擴大探索要素的範圍。

例如：⑩是「健康意識」的要素。乍看之下，彷彿與停車場問題無關，但將兩者《**連結**

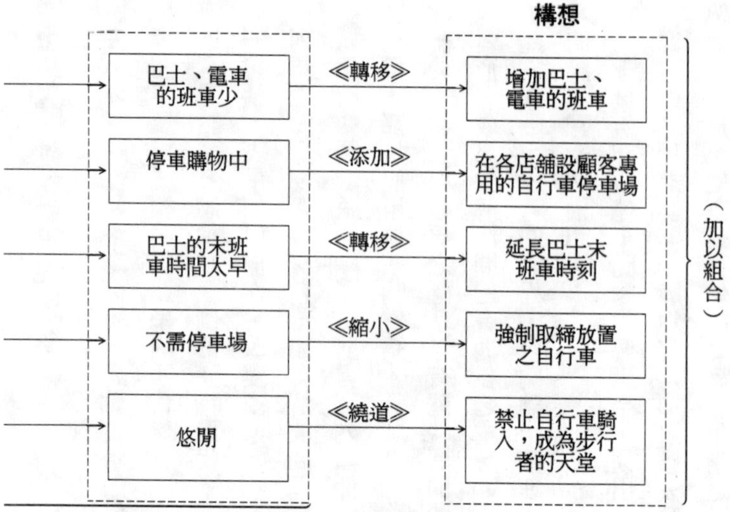

≫，≪**轉移**≫為心理上的問題，會誘導出「展開健行的健康活動」之意想不到的構想。

⑬的「公德心」。依此狀態，只能獲得「避免他人迷惑」，卻無充實內涵的冠冕堂皇之名義。但，若依此要素≪**擴大**≫連想力，則為——

●公共道德→社會規範→規定→法律→禁止載人。

其語言之連鎖浮現。然後，將連鎖的最後一項≪**倒置**≫，接著以反方向≪**擴大**≫連想。變成——

●二人乘坐OK→以條例賦與義務→三台自行車變成一台→放置自行車減半，自然獲得未曾預想，卻具說服力的構想。

• 依時間要素思考出構想

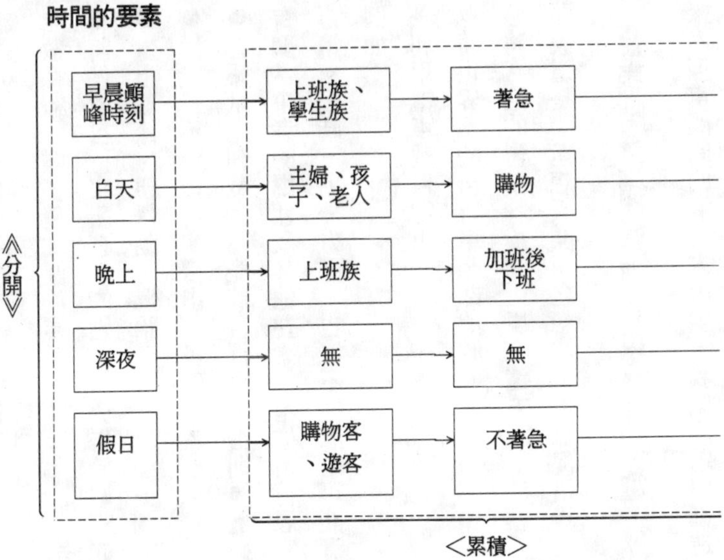

注目人的自尊心以解決停車問題

注目⑪的「金錢感覺」與⑫的「自尊心」之構想，有正面、負面的二種方向。正面的方向是，對徒步的乘客或購物客，以某種形態褒獎；至於負面的方向，是反而對放置自行車的所有者加以處罰之方式。

給與懲罰的方向，也有無數個方案。將這些問題給筆者任教大學的學生思考，這種回答占最多數。

但這只不過是一種構想的變化而已，我認為未必有實用性。為供參考，以下列舉數種解決方策。

●開罰單、收罰款。

●豎立「這是自行車廢棄場」「可自由牽走」之告示牌。
●散播盜、難多發地區的風聲。
●將停放自行車所有者的姓名，公告於站前的佈告欄。
●塗上紅漆、惡作劇、爆胎。
●做成三不管地帶、派出許多破壞者。
●在報紙上刊載「不能騎自行車，否則會遭破壞」。

有關當事者的屬性及其他要素，請你自行思考。至少尙可想出二、三種，具有實用性的解決方策。同時，另一方面，也能不顧慮是否能實現，而只單純的嬉遊於幻想與幽默的世界中。例如：

●利用電車載自行車。
●將世界上的自行車全部消滅。
●將A站的告示牌拆除，掛在遠方。

雖說這是「意想天開」之想法，但難保這構想不會成為真正有效的解決方策。

列舉要素時發揮威力《思考的架構》

探索停車問題的解決方策中，我們能選出創造性思考的重點。第一個重點是「列舉一切要素」。

一般而言，在創造性思考的過程中，必須擁有多樣關心與多樣試行，並須努力研究如何獲得思考的內容。

因此，首先必須列舉一切思考材料的要素。在此所指「一切要素」，並非意謂與眼前的問題有直接關係，或屬於一定視野的範圍內。為得到超越日常性領域的多樣構想，有時須注目「看不見」的要素或乍見無關係的要素，才能獲得有效的思考武器，這點必須充分理解。

從各層面將所面臨問題的一切要素，一一列舉出之技巧，在心理學之領域已開發出各種技巧。如奧斯本的檢查表法Osborne、瑞基的形態分析法，或屬性列表法、ＡＬＴ（Alternative Listing Technique）等技巧都極著名。

或者是提波諾所提倡的各種思考術，其基本也是擁有「列舉一切要素」之構想。

例如：「下決定所須的一切特徵、價值、條件皆條列表示」，有「全行列表式」、「橫列選擇條件、縱列性質列表」與「單純（部分）行列表式」等，以及著名的「ＰＭＩ（正面、負面、興趣）」，亦即「列出對一個問題的正面、負面、興趣之全部觀點」之思考術，也具有其相同之構想。

但，依過去的思考技巧，往往將思考的材料之「一切要素」，與思考操作的技巧之「一切可能性」混淆不清之例很多。因此造成使用這些思考技巧時的障礙。

• 思考的架構例

I　空間

i）單位……，Å，μ，mm，cm，m，km，光年，…

ii）物理性次元

一次元（線）：直線、曲線、圓周、…
二次元（面）：平面、曲面、三角形、四角形、多角形、圓、橢圓……
三次元（立體）：立方體、直方體、角錐、角柱、圓錐、球…
多次元：多元宇宙，…
無限次元：希耳伯特空間、量子力學，…

※對於高次元的嵌入：扭轉、麥比威斯帶MOBIUS、克萊因壺，…

iii）擴大階層

身體→家→附近→鄉鎮→城市郡→都道府縣→地方→日本→外國→世界→地球→太陽系→銀河系→宇宙

iv）空間感覺

上、中、下、斜、地上、地中、地下、空中、水中、…
遠、近；高、低；深、淺；大、小；…

II　時間

i）單位…，秒、分、時、日、月、年、世紀，…

ii）過去—現在—未來（擴大的位相）

宇宙大爆炸→地球的誕生→寒武時期→古代→中世→近代→現代→近未來→未來

iii）圓環的位相

朝、中午、傍晚、深夜；春、夏、秋、冬…

iv）人的一生（人類的位相）

誕生→入學→成人→畢業→就職→結婚→生產→壯年→熟年→退休→老年→臨終

v）時間感覺

長、短、瞬間；迅速、遲、停止；…
忙碌、休息、空閒……

因此，我考慮將要素部分獨立，刻意排除操作性視點之方法。

這即是我的「思考的架構」，將要素加以獨立，使「列舉一切要素」容易進行。

事實上，我的「思考的架構」非常龐大，對一般人而言，不須使用全部。故在此只介紹空間與時間的一部分（參照三十頁）

除「思考的架構」之外，尚有知覺屬性（視覺、聽覺、嗅覺、味覺、觸覺）、運動屬性（步行、跑步、動、飛行、游泳、停止……）、以及知的屬性（知、學習、記憶……）等。

另外，尚須考慮如下對立——比較項目，才是「思考架構」的重點。

物理的——生理的——心理的、抽象的——具體的、現實的——非現實的、分析的——綜合的、演繹的——歸納的、群化——分化、收束的（集中的）——擴散的、論理的——非論理的、……。

(2) 依思考流程圖，人人皆可獲得構想

適合高科技時代的思考技術

創造性思考的第二個重點是，依「思考的架構」列舉出適用眼前問題之「一切要素」作為材料，加以操作或變形，所獲得之「思考流程」。

思考有一定流程，能順應其流程，任何人皆能自由自在的產生創造性構想。所謂「思考流程」以電腦而言，則是與計算機指示以何順序作何計算的命令之程式同理。

然而，在電腦的領域中，為使程式令人容易理解，常以流程圖表示，這是衆所皆知之事實。

因此才引發我將電腦流程圖之構想導入「創造性思考技術」。若能做好「創造性思考的流程圖」，就像電腦經由程式而能自然獲得有意義的解答，人人都能想出自然又有創造性的構想。這即是高科技時代的思考技術。

當然，過去並非無人嘗試將構想或思考的過程作成流程圖。但我認為那些嘗試，只是證明已完成的構想或思考之效用如何而已。

●過去的構想流程圖之例

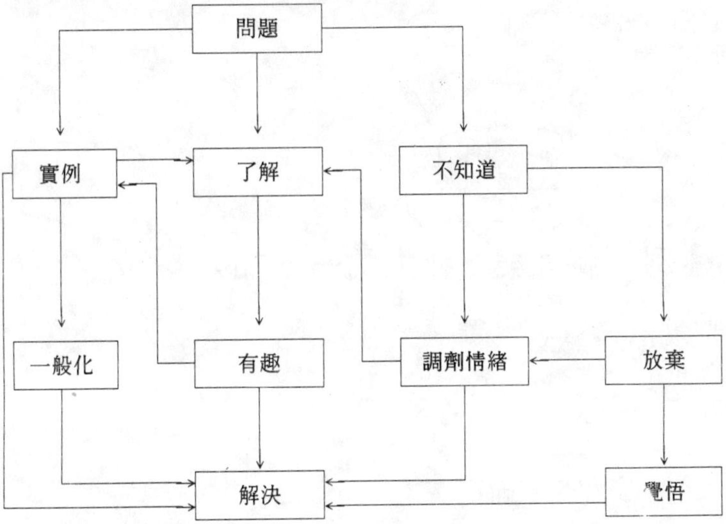

以往的流程圖，不能成為新構想的程式。如此一來，則導入流程圖亦無意義。列舉「過去的構想流程圖之例」（如上圖），你是否能利用「流程圖」想出任何新的構想。

「思考的架構」與「思考的技法」二支柱

既然，所謂比喻性「流程圖」無法使用，所以我們需從不同的觀點重新思考。因此依《回歸根本》關鍵語，重新檢討電腦的流程圖，以期能更便捷。

「電腦的流程圖」如三四頁圖般，由「處理箱」與「判斷箱」二個要素所形成。以下列舉簡單的程式之例。

觀看此圖，即易了解原來的流程圖架

●電腦的流程圖

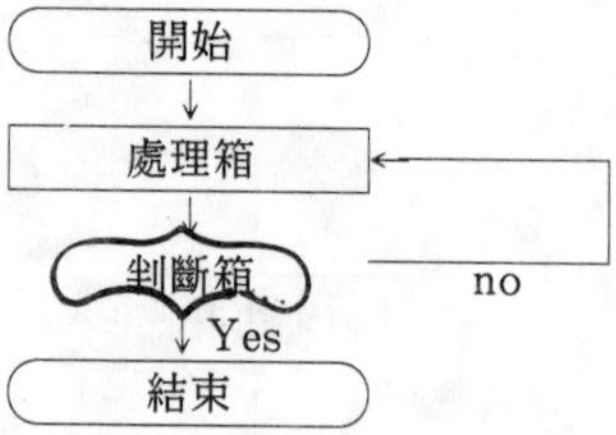

●例「將 a 與 b 較大的一方加入 c 」

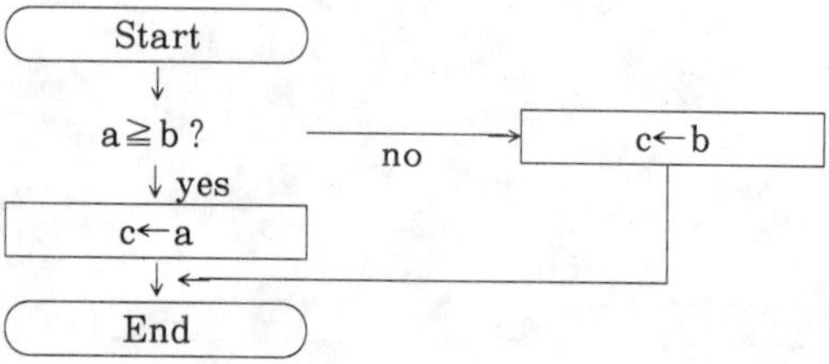

構。

依據這事實，我重寫了「思考的流程圖」，如三五頁圖。本流程圖將問題的資訊輸入，依「思考的架構」加工為思考材料的資料，將其資料依「思考的技巧」操作、變形、結果解決問題的構想被輸出，而對「思考的流程」亦能一目了然。

同時，該流程圖亦教導我們：「思考的流程」並非一個不可分割的流向，可區分為二大部分。而能否注目此點，並創造更優雅的思考系統？

接著，再回歸電腦之原點，導入新的基本概念。

這即是稱為「次常式（副程式）」的概念。例如，求平方根的程式，在各種問題中出現；逐一寫成流程圖，則流程圖會

●思考的流程圖

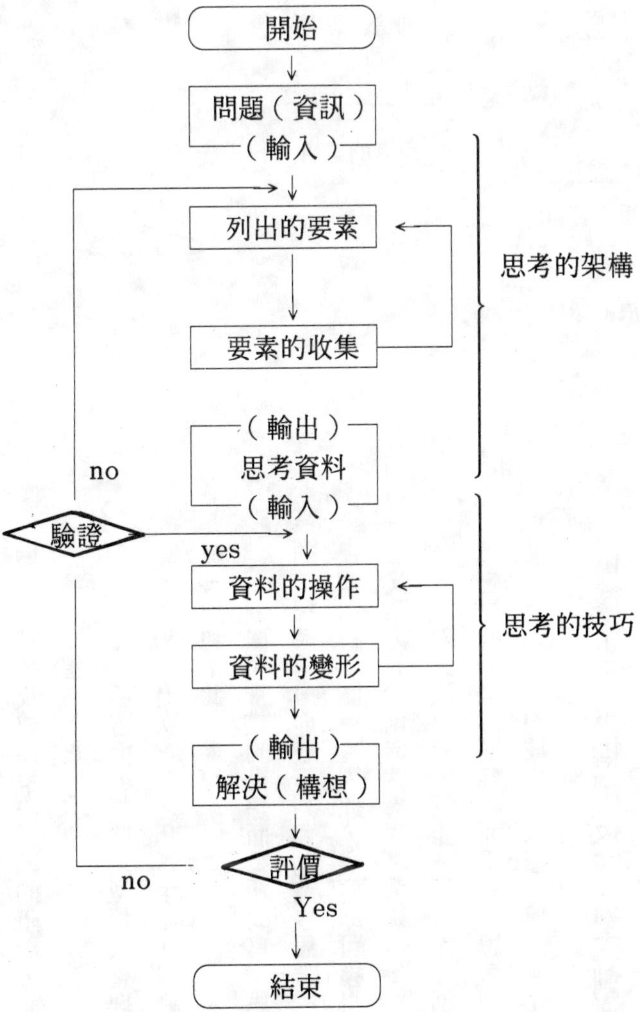
開始
問題（資訊）
（輸入）
列出的要素
要素的收集
（輸出）
思考資料
（輸入）
思考的架構
no
驗證
yes
資料的操作
資料的變形
思考的技巧
（輸出）
解決（構想）
評價
no
Yes
結束

●創造性思考的流程圖

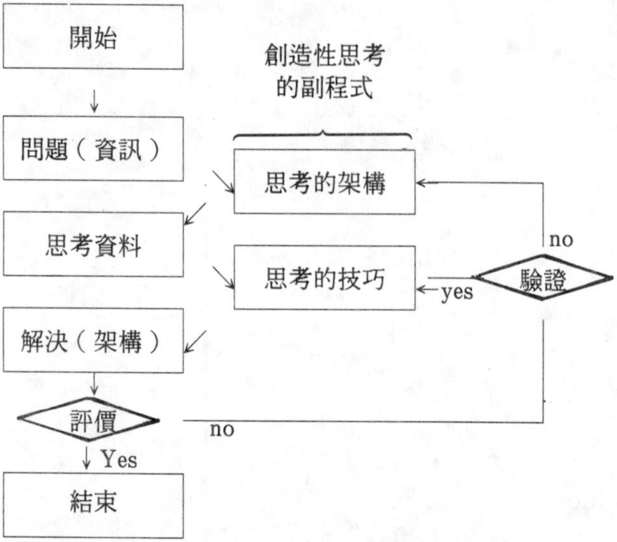

變得冗長，反成為解決問題的阻礙，而無法看清問題的本質。

故在電腦方面，將此定型程式整理成套，而利用為次常式之巧妙手法。我們也應善加利用此一構想。

依據次常式的構想而重新改寫「思考的流程圖」，即成下列「創造性思考的流程圖」（上圖）。因此，我們即可獲得簡潔又強力的「創造性構想之系統」。

觀看此流程圖，就能一目了然「創造構想之技術」的根幹，而學習「思考的架構」與「思考的技巧」二種副程式。

依據十五種構想技巧擴大創造之羽翼

不論如何，理解「思考的架構」與「

創造性思考的流程圖」，只是在學習獲得創造性構想的「思考的架構」。下一章中，我將一面列舉問題與實例，一面介紹技法。

但在心理學的領域中，為說明創造性思考的過程，而提倡瓦拉斯的四階段說與奧斯本的七階段說，以及富林克拉的七階段說等。

這些都是很優秀的理論，但我認為實踐上未必具有戰鬥力。

同時，現代的企業界人士，最需求的乃是立即可成為應戰力的構想力。故我在本書中，再度檢討創造性思考的架構，並獲得了新科技的電腦、科學啟示。故在建立新創造性思考的系統時，亦應將應戰力視為考慮要素。

著名的亞羅特障礙理論，亦即阻礙創造性思考的三種障礙，也是相同之情形。誠然需要努力除去創造性思考的障礙要因，但最重要的是獲得能解決問題的創造性構想，而障礙的消除只是為達成目的之手段罷了。

然而，我確信若充分活用以下所敍之「創造構想的十五種技巧」，必能在不知不覺中消除這些障礙，而自由自在的擴大創造之羽翼。

思考的真正力量，並非逃避問題，而是產生構想，這是單純的真理。

第二章

獲得新構想的十五種構想技巧

構想技巧① PUP

累積法

大暢銷商品•無按鈕計算機誕生之秘密

這是多年前之事，一九七七年五月刊載於全國報紙的一則新聞廣告——夏普按鍵式計算機「Airmate」。

對這則訴求「按鈕戰爭已告結束」的特殊宣傳文案，多數的人仍記憶猶新。而對厚僅五㎜、重六〇公克、零件數三件的優秀品質，「無按鈕，會發出嗶、嗶聲音的計算機」的嶄新構想均深表歡迎，發售後大為暢銷，據說一年間銷售三〇〇萬台。該Airmate的開發過程，是使用「構想技巧」的<**累積法**>。

回溯一年前的一九七六年春季。當時，一年之間，在全世界各地創造八千萬台的計算機，市場已化為計算機的洪水狀態。

激烈的淘汰風暴襲擊日本業界，新力、日立、精工、理光等各公司，放棄計算機戰線之爭而撤退；另一方面，Busicon、榮光商用事務儀器、Systic等的計算機廠商相繼倒閉。這即所謂計算機產業的危機時代，故創造新構想，成為業界燃眉之課題。

在此時代背景中，夏普的計算機事業部之開發幕僚，首先注意計算機的外裝關係。以當時之常識言，外裝採金屬模型、依按鍵式輸入為大前提。開發幕僚開始思考，首先必須推翻此大前提。

由「思考的技巧」來使用材質屬性，以塑膠、紙、布、乙烯樹脂、木材等取代金屬。這些要素中具有可能性、且令人意外的代替品，首先以布為第一候補。但是否能在布上印刷數字以代替按鍵？

的確，按鍵在追求薄型化的計算機開發中，成為一個瓶頸。不僅是本體之突出部分，內部也必須裝置支撐鍵的敲擊板。亦即，以其他物品代替鍵盤，做成可上下二層的薄型化計算機。

另一方面，電梯的按鍵等，也都有逐漸改為觸鍵式傾向。將在布上印刷數學之構想與觸鍵式之構想加以組合，是否也能開發無鍵式計算機？

＜累積法＞是研究開發領域的基礎

但，在此也產生一個問題。若無按鍵，則因手毫無感受，故無法感覺是否已經按鈕。而代表性的反對意見為「消除按鈕固然好，但按鍵時必須睜大眼睛、注視鍵盤」。

持反對意見是將觸覺與視覺比較。但應用知覺屬性的架構，並非只依視覺取代觸覺，亦可依靠嗅覺、聽覺、或味覺的方式。

有人如此發言：「會刺激聽覺就沒有問題！」如今，可發出聲音（會說話）的相機或微波爐已一般化，故被認為是普通之構想，但以一〇年前的當時而言，該構想被認為是異想天開。

但，不論如何，依如此之分析與構想的〈累積〉中，產生「無按鈕又會出聲的計算機」之新產品的概念。

在新產品的Ｒ＆Ｄ（研究開發）領域，〈累積法〉的「構想的技巧」為經常使用的手段之一。故此技巧又可稱為創造性思考。

將各種要素或各種技巧〈累積〉，我們才可超越日常性或常識之領域，將探索之手伸向遠方思考。

問題3　請思考下列遊戲的必勝法。

「將數粒棋子幾個分成一堆，合計三堆，二人交互取棋子，但一次只能由一堆中取數個，一次不可取二堆。拿到最後一個棋子的人就輸了。」

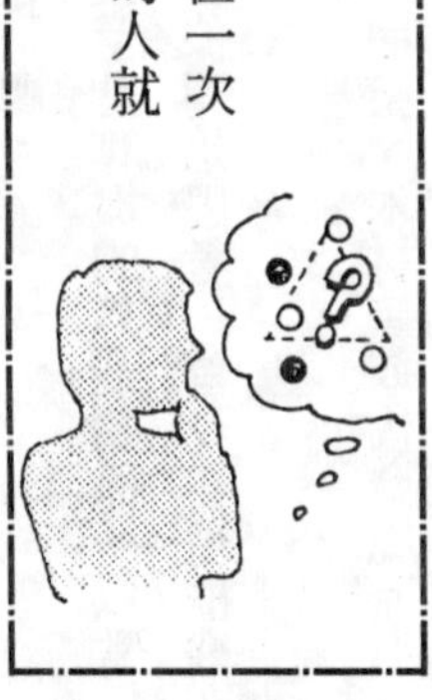

先考慮最單純的方法

為思考「最後一個之遊戲」（有時也稱為「倒山堆」）的必勝法，一開始就以複雜的方式為對象，就一直無法理解這遊戲的架構。

因此，首先應考慮單純的方法。

使用何種形態會令對手取得最後一個棋子而致勝？最單純的形態是（0、0、1）、（0、1、0）、（1、0、0）。換言之，採取這三種形態——本質上是同一形態——當中之一即可獲勝。

其次考慮（1、1、1）。

對手由第一堆中取一個，變成（0、1、1），而你取第二堆中之一個（0、0、1）；對手由第二、或第三堆中取一個，你以同樣模式就能取勝。

因此，（1、1、1）也是一種必勝的模式。

至於（0、2、2）結果如何呢？

當對手由第二堆取走一個後，變成（0、1、2），你由第三堆中取走2個形成（0、1、0）的獲勝模式。

或者，對手由第二堆取二個，形成（0、0、2），而你則為（0、0、1）的獲勝模式。本質上，對手可能採取的手法，只有這二種而已，因此（0、2、2）也是必勝的模式之一。

以同樣思考方法，可了解（1、2、3）亦是必勝模式之一。亦即，對手由第一堆取走一個，變成（0、2、3），而你由第三堆中取一個，形成（0、2、2），為必勝模式。

如果對手由第二堆取走一個，形成（1、1、3），你可由第三堆取二個變成（1、1）之模式。此時，對手殘餘之手法為由第三堆中取之外，別無他法，在此場合以如下方式操作為可致勝的模式。

（1、2、2）→（0、2、2）

（1、2、1）→（1、1、1）

（1、2、0）→（1、0、0）

如此般，由單純之例逐一思考至複雜之例的〈累積法〉，可發現遊戲的必勝模式。有興趣的人，可再展開前述的想法，自己尋找一般性的致勝模式。

我將此〈累積〉的「構想的技巧」稱為PUP。PUP是 Pile up 的簡稱。

問題4

以PUP說明以下的事實。

「由1開始依序加上奇數的數字，如此常成為某數的平方值。」

PUP〈累積〉法也可應用於電腦程式

這事實，當然也可以數學證明。但，如第四六頁上圖般並列棋子的（PUP）累積思考法，不需使用數學方式，也可依直覺而一目了然看出此事實。

當你面臨某種複雜問題而束手無策、或者必須藉酒消愁轉換情緒時，請從單純之例〈累積〉思考，此即PUP的技巧。

聽我如此說明，各位可能覺得PUP是富有人工化的技巧。

但，在電腦程式上，最普遍性的方法為PUP法。

例如，想將二本通訊錄整理成一冊，通訊錄是依「筆劃」順序排列，因此將各人姓名做成連號。故以電腦操作此作業時，以如下形態付予問題。

「n個數字a_1、a_2、…a_n與m個數字b_1、b_2、…b_m，以大小順序並列。將兩者混合再依大小順序排列（n＋m）個數字C_1，C_2…C_{n+m}」

●排列棋子即能一目了然

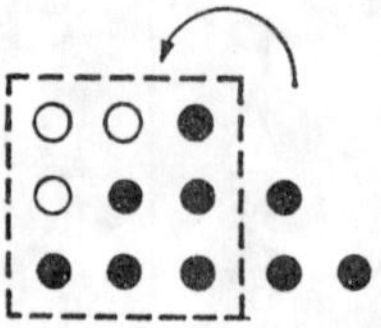

$1+3+5=3^2$

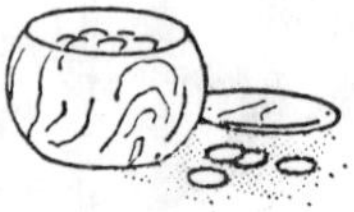

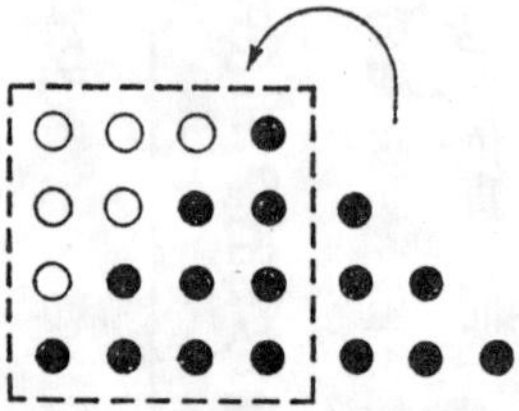

$1+3+5+7=4^2$

●通訊錄的流程圖（電腦）

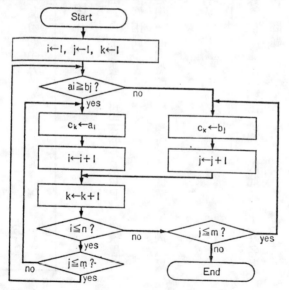

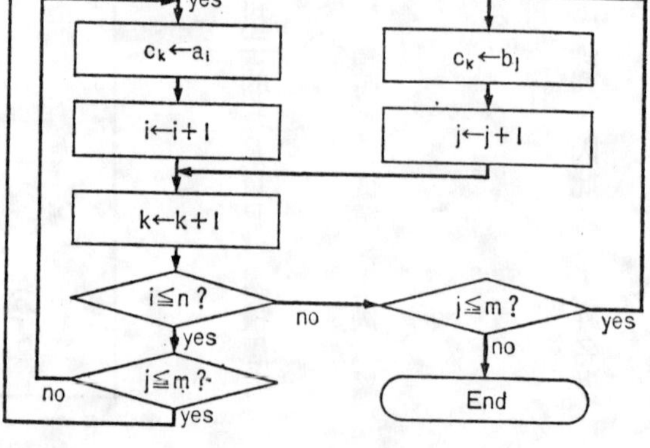

我們接受此作業時，將二本通訊錄對照，而依「筆劃」順序排列操作，這即ＰＵＰ之累積法。

乍看之下，該作業困難度似乎不高，原因是我們已養成累積的思考習性。但將無意識中所做的這項作業，寫成「思考的流程圖」，即可清楚了解「原來我們正進行複雜的思考操作」。

為了便於參考，介紹上述問題的流程圖。可謂在人的頭腦中，也有如該流程圖般的相同運作方式。這是猴子無法模仿的。亦即，ＰＵＰ是人類與猴子不同思考的頭腦架構原點。

構想技巧② ADD

添加法

只留意主課題而失去先機的富爾頓

稱為〈添加法〉的構想技巧，乍看之下是極單純的想法。但，被大前提與常識所侷限的僵化頭腦，無法使用此單純的技巧。

以下介紹我們身邊常見之例。天狗的面具，日本人除了祭典使用之外，只會想到做為壁飾。但有位美國人，卻將其利用為帽子架。

的確，面具上高而翹的鼻子，頗適合掛帽子用，但當時我即思忖，被傳統的固定觀念所束縛的日本人，絕不能發現如此新穎的機能！

這則事例，可說是在某種素材上〈添加〉過去完全未曾思考的機能，亦即付與機能之典型例子；但可〈添加〉之物，非僅限於機能而已。有時，也可〈添加〉新的「事實」，或推翻大前提與常識，而有益於擴大創造性思考之羽翼。以下列舉著名之一事例。

從前，富爾頓科學家在某研究的過程中，迫於需要而測定固體氦之熱傳導度時，使用新

問題 5　在住宅地興建新大厦，北側為階梯狀。通常，階梯狀的設計多半在南或東方，但該大厦為何特別將北側做成階梯狀呢？

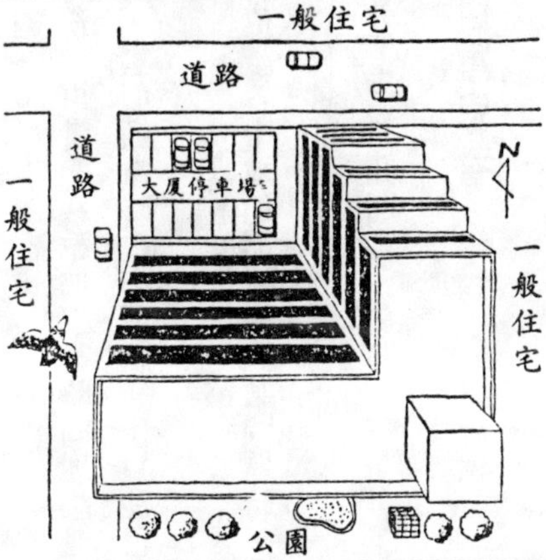

的方法測定，但所得出之數值，卻是當時衆所確信值之五○○倍。

富爾頓比照過去的理論，認為太奇怪了，而終止發表實驗結果。亦即未將新的「事實」〈添加〉上自己的思考。

但是有一位開發新熱傳導度測定法的英國年輕科學家，他的實驗比富爾頓稍遲，依自己的測定法測定固體氦的熱傳導度，結果得到與富爾頓相同之數值，亦即比當時公認的數值多出五○○倍。

他將此「事實」發表於世，使其新發現普受世界之學界注目。

雖然自己先發現，結果卻被他人捷足先登公諸於世的富爾頓，不難想像他的懊惱和不甘心。富爾頓回憶起此痛恨的經驗，留下警世名言：「假如我能卸脫舊窠臼之帽，而戴上創造之新帽，絕不會被年輕科學家搶占先機。」

以心理學觀點來看，雖然得到相同的實驗結果，但認為結果是錯誤的富爾頓，與認為是大發現的「年輕科學家」，二者之判斷迥然不同。亦即，該年輕科學家自己本身能〈添加〉新的測定法與工具。

因此，將新「事實」〈添加〉當時的理論體系，在心理學上認為是自然之事。

與此相對，富爾頓當時之心理狀態，只注目於研究之主題，而未〈添加〉除此之外的事實。

今日，各位讀者中被迫需要解決某問題時，如富爾頓般，只注目於主題，而忽略〈添加〉主題外之事實條件的人不少。

例如，思考上面的問題5。

擺脫大廈目標思考

下列列舉常見之回答。

•由於這一帶車子交通量多，故儘量避免面臨道路而設計。

•因大型卡車通過北方的道路時，會造成如地震般的動搖，故基於安全上的考量，上層階梯不能再建。

•北側購買者少，故以寬敞的陽台作為銷售重點，吸引買主。

•朝北的房屋難以銷售，為減少房屋數而做成階梯狀。

•如果南方做成階梯狀，則公園與停車場的空間狹窄。

•工程中，大廈經營者的其他事業失敗，不得不削減建築費用，故不得不將北側削減。

•追求建築物的美觀，無意中成為如此狀態。

除此之外，雖尚有許多意見，但這些想法之共同特徵為：缺乏〈添加〉大廈面臨之主題以外的要素之構想。

觀看圖例即能一目了然，該大廈被一般住宅所包圍，一般住宅以二層樓式的低層建築為主流。〈添加〉一般住宅居民的利害要素，重新檢討問題，立可浮現「日照權」的構想。

實際上，在此結構下，西側與北側之一般住宅的日照權成為問題之重點，階梯狀部分若不如此設計，則一般住宅的一部分都將變成陰影。

請再仔細觀察四九頁的問題之圖。停車場的空間設計已顯示了日照權問題之存在。

如果使用〈嬉遊〉這技巧，立即可解決問題。但有關此問題，這種解決策略通常效果不佳。舉例說明，例如下列之回答。

•其實這大廈位於南半球。

〈添加〉的技法有各式位相。因此，我稱此技巧為ＡＤＤ技法。

問題6

使用ADD思考下列的問題。

有個裝滿水的玻璃杯。請舉出不傾斜或不打破這個玻璃杯，而能使水全部倒出之方法。

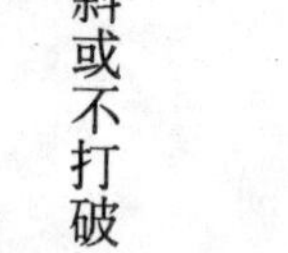

依據添加法而獲得解決策略

這是開發創意領域中著名的問題，提波諾也曾在其著作《提波諾的「思考術」講座》中舉例出。為供參考，以下列舉提波諾隨意思考之解決策略。

- 使用虹吸法將水吸出。
- 送風使水流出。
- 使用清潔劑，使水變成泡狀流出。
- 使用破布利用毛細管現象。
- 煮沸使水蒸發。
- 冷凍後取出。
- 利用離心力使杯子旋轉。

・杯內投入砂或小石子代替水。
・使用海綿或其他吸收劑。
・將裝水的汽球放入杯內，使杯中的水溢出，如此反覆操作。

任何解決對策都具有共同的構想，即在現有的狀態，如虹吸、風、清潔劑、破布、熱（加熱、冷卻）、旋轉力、砂、海綿等，都是由外部〈添加〉某些物品，而使水排除。

亦即，使用ADD（添加）方法。但如提波諾般，隨意思考之方法極缺乏系統化。因此，將〈思考的架構〉與ADD二者結合，加以整理為解決對策。

首先，〈添加〉有吸引機能的工具法。立即可聯想到吸管、吸墨水管、虹吸、湯匙、吸塵器等。對於一般不適用於杯中水的道具，若賦與其機能，則亦可成為代用品。使用抹布、毛巾、吸墨水紙、脫脂棉、衛生紙等。

其次，考慮改變水的型態之方法。水的型態有冰（固體）、水（液體）、水蒸氣（氣體）。若形成水蒸氣狀態，水自然由杯中蒸發。因此，加熱之方法亦被考慮。

或將杯子置於陽光易照射之處，等待其自然蒸發。此時若插入鮮花，或許亦有所效果。裝置自然的虹吸與加熱原理〈組合〉的方式。

放入口渴的小動物，杯內的水也會減少

欲使水固體化，有多種方法。最常見為冷卻變成冰之方法。

在常溫狀態下欲凝固水，可添加太白粉或凝固劑。

變化形態的方法中，較極端之構想是將水離子化，先電解為氫氣與氧氣，而後將其取出之方式。這雖是異想天開，但亦為頗具可行性的特殊構想。

依據運動屬性的架構，可獲得「高速旋轉使水飛溢出去」、「強風吹送使水排出」、「手放入杯內攪動」等構想。更高明者則是「利用無動力房間」手法。

最後是使用空間的架構，亦即，將水現有的空間以其他物質取代，水自然溢出於外。此時，添加物質為氣體、液體或固體皆可。

亦有使杯子變空，而以空氣取代物質的特殊例子。除此之外，利用比重大於水的物質，或無親水性之物質取代亦可。而固體物質則以砂取代較佳。

裝入牛奶或砂糖，無法使全部的水排除。因這與早上喝咖啡是不同的。

思考置換的物質時，若非只限於無機物，就可想到更巧妙的構想。舉一例說明如「將口渴的小動物或昆蟲放進杯中」的構想。至水飲罄時再將其抓出即可。

使用ＡＤＤ構想而急速成長的Bonboniere糖果盒公司

以下介紹有關添加ＡＤＤ的構想技巧，在現實社會如何使用的二、三實例。

超精密智能的機器人廠商達克工程技術公司，將裝置ＡＤＤ「眼睛」視覺傳感器的智慧機器人商品化，而使營業額飛躍性的成長，獲得八〇％的市場佔有率。

銀座木村屋使用ＡＤＤ技巧，在豆沙麵包上添加小坑，因而膾炙人口並在日本普及化。ＡＤＤ是西點業界開發商品或促進銷售的常用手段。在此以Bonboniere糖果盒公司為例說明。該廠商雖是新成立的公司，但營業額年年加倍急速成長，現在已達到六億圓日幣的年銷售額。此快速成長之秘密，在於包裝紙上ＡＤＤ添加之方法。

這是源於某位皇族為慶祝花甲之年的大壽，在糖果盒Bonboniere公司訂購壽糕。據說那位皇族酷愛貝殼。

因此，糖果盒公司特製了一系列貝殼型態的壽糕，盒子、包裝紙等也都以貝殼圖案印刷。不僅是皇族本身，連出席壽宴的天皇陛下都對壽糕的模型讚嘆不已、欣喜萬分。據說，天皇對印刷於包裝紙上的貝殼繪圖，及一個個排列的貝殼壽糕，感到興高采烈。之後，糖果盒公司也開始追求ＡＤＤ戰術，例如，在日本經濟新聞社的社長所舉辦的宴席上，將甜點禮物的包裝紙印上日經新聞等，逐一打出令人驚訝的構想。

在構想的商品領域中，為防止嬰兒頭部扁平，而出售「甜甜圈式環狀枕頭」。這是由在頭部突出部分，將枕頭打穴之構想所衍生，正是「因撞到頭而打個洞」之構想例。

構想技巧③ ORG

組織法

問題7

某家西點廠商製造的冰棒，十支中平均有一支「中獎」，「中獎」者可免費贈送一支。如果又「中獎」可再得一支……。然後又再「中獎」者又可再贈送一支……。因此，消費者之中獎率以一成一分一厘一毛方式計算，得出其值為九分之一。

因此，該廠商以——

「你有九分之一的中獎機率」

之廣告文案促銷，而使商品大為暢銷。

試問，這則廣告有無漏洞？

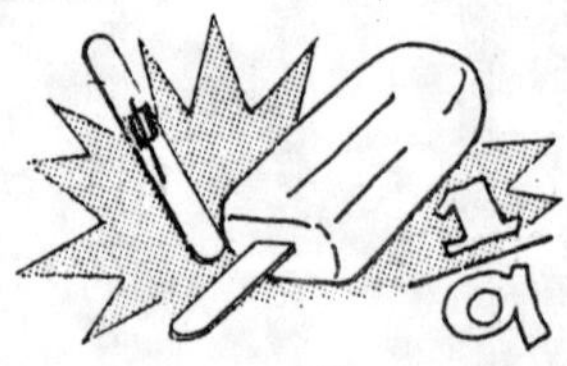

洞察日常所發生似是而非之法

其實，廠商方面乃使用詭辯技巧。由製造過程看，本來廠商方面以十比一之比率混入「中獎」，因此其損失不會超過十分之一。但這似是而非，有時數學家也會被簡單之問題所矇騙。數學上的計算公式如下：

$$\frac{1}{10}+\frac{1}{100}+\frac{1}{1000}+\cdots\cdots=\frac{1}{9}$$

由於受此計算方式所炫耀，而無法洞察似是而非的本質。

現在試著觀看兩者之損益累積（ＰＵＰ）。首先，最簡單之例是，廠商只製造十枝冰棒之場合。依此例，則消費者中獎機率與廠商之損失率都是十分之一，不會引起任何議論。

其次，是製造二十支之場合。假定售完二十支，廠商方面之損失仍為十分之一。但假定消費者連續「中獎」二次，意味該幸運消費者，以一支的價格獲得二支冰棒之意。但他所獲得的除冰棒之外，即不再「中獎」，而比他早買的人都「中獎」，則今後之購買者的「中獎」機率即為零。

亦即，若〈組織〉全部購買冰棒的顧客，則買方全體的中獎是二支。換言之，中獎機率為十分之一，與廠商方面的賠損率一致。

同樣地，若使用〈累積〉法，則該問題的似是而非之論議，也自然迎刃而解。例如，廠商方面製造數百萬支的冰棒，假定以全部售罄為前提，將全體買方〈組織〉思考，則消費者的中獎率與廠商方面的損失率，與製造工程所混入的十分之一數字一致。

「你有九分之一的中獎機率！」之廣告文案的詭辯，是以冰棒全體的支數無限為前提下所引導出的。

若全體冰棒為無限，則「中獎」的支數也無限。因此，不論抽幾次「中獎」的機率皆為十分之一，由於無限次反覆該行為，故得出所謂九分之一之虛幻機率。

但實際上冰棒的數字，不論製造數百萬支，或數千萬支，其數都是有限。只要有人抽中「中獎」，則「中獎」之機率也必然減少。故若將買方全體〈組織〉，則中獎機率仍為十分之一。

〈組織〉構想所誕生的電視綜合節目

該問題啟示我們思考時，〈組織〉的思考技巧多麼有效。故我將〈組織〉技巧稱為ORG。

亦即 Organize 之簡稱。ORG可大分為二種技法。其一是如前面的問題般，〈組織〉各要素以合計全體之ORG技法，另一種是將連貫的要素類別化，分組的ORG。

分組ＯＲＧ，列舉現實問題中有益於獨創性構想之實例，不勝枚舉。

例如，在晨間時段，任何電視台都是將綜合節目轉移至，以主婦為對象的有家庭氣氛之節目結構。將身邊周日的早報電視節目表列舉如下：

新聞節目→早安日報（ＮＨＫ）

Zoom-in早！→Look！Look！你好（日本電視）

熱情的早晨綜合節目→森本Moring ＥＹＥ（ＴＢＳ）

Moring綜合節目→早安！Nice-Day（富士）

早安電視朝日→江森Moring.Show（電視朝日）

這些節目都是報導新聞、或家政、演藝界之話題等，加以〈組織〉，充分利用現場播送的特色，報導新鮮資訊之概念所製作的節目。其基本想法為合計ＯＲＧ技法。

如此之合計ＯＲＧ技法，被應用於晨間時段的電視節目，是始於一九六四年四月一日，朝日電視（當時的ＮＥＴ）的「木島則夫Moring.show」節目開始放映。

過去的民營電視台，基於「營業上無利潤的時段，只以擋時段播送」之大前提下，多半以漫畫、電視長片、幼兒節目應付了事，或編列消極的節目。

「木島則夫的Moring-Show」是對該大前提產生質疑，並依合計ＯＲＧ技巧之驅使，而為該空白時段帶來熱潮。

現在晨間的綜合節目已普遍化，以當時而言，是因具有這種合計ORG之觀點，而帶來嶄新構想之契機。

最近令人佩服之實例，為出版社刊行的『魚譜』之企劃。這本書〈組織〉了魚料理的照片集「日本料理精撰」、料理的素材，以及收錄魚貝類的照片、資料之「日本食用魚貝類大圖鑑」二册而成，定價十一萬八千圓的超級精裝本。

欲追求最高級的魚料理，必須具備豐富的魚知識。這本精裝書，是掌控顧客深層心理，並以合計ORG技巧加以實現之最佳企劃。

松下開發自動電子微波爐之靈感，來自分組ORG

有關分組ORG技法，也有許多精彩的實例。

松下電器開發自動微波爐、商品化之實例。其契機為某研究員在實驗中，偶然發現異常現象，從掌控濕度的傳感器之構想，而應用於控制電子微波爐之嘗試為出發點。

但實際上觀看試作品時，發現僅為馬鈴薯、或高麗菜之單品料理，濕度傳感器發揮良好機能；但混合複數的材料時效果不彰。高麗菜過熟，而馬鈴薯半熟，結果慘澹。

依濕度傳感器自動控制電子微波爐的嶄新構想，彷彿遭遇挫敗。但在當時，針對此問題而接受商談的另一研究所主任，卻發現偉大的解決策略。

這位主任，建議將微波爐烹調的菜肴與素材，一切都書寫於黑板上。這即是我在第一章所說明「思考的架構」實踐之應用。黑板上逐一列舉肉料理、魚料理、煮芋頭、蔬菜料理之混合料理。但對列舉之各種料理，檢討加熱之間所散發之蒸氣與時間的資料、濕度傳感器的功能，發現料理與濕度之間並無任何相關關係。

當大家都為「還是不行！」而嘆氣時，該主任再度發揮靈感。

「稍等，是否能將那些食物分類成群？」

亦即，放棄把一切料理加以控制之想法，而分成三堆、三到四堆一群，有關各種料理，提議使用濕度、時間控制的分組ORG技法。

結果，這想法奏功，松下電器成功的開發過去未曾製造的劃時代性自動電子微波爐。這種裝置濕度傳感器的自動電子微波爐，首先向電子微波爐的發源地美國輸出，並加以商品化，在當地捲起強烈風潮。

一九七九年，美國的巨大超市JC貝尼，感謝該商品對營業額之貢獻而贈送獎牌表彰；然而以另一角度看，此獎牌意味對分組ORG「構想的技巧」之表彰亦不為過。

但分組ORG若使用不當亦會造成意外的失敗原因。請思考下列問題。

問題8

有下列無限連續級數，本級數的總和S是多少？

S＝1－1＋1－1＋1－1＋1－1＋……

依據「群化法則」改變認知構造

本級數可依分組ORG技巧獲得各種數值。例如，以原來順序計算：

（1－1）＋（1－1）＋（1－1）＋……＝0

1＋（－1＋1）＋（－1＋1）＋……＝1

可得到二種解答。如果改變順序，如下列方式般，S可獲得無數值。

1＋1＋（－1＋1）＋（－1＋1）＋……＝2

1－1－1＋（1－1）＋（1－1）＋……＝－1

1＋（1－1）＋1＋（1－1）＋1＋（1－1）＋……＝＋∞

（1－1）－1＋（1－1）－1＋（1－1）－1＋……＝－∞

以此分組ORG解決問題時，失敗的原因皆是由於心理學上之理由。

●格式塔心理學的「群化法則」

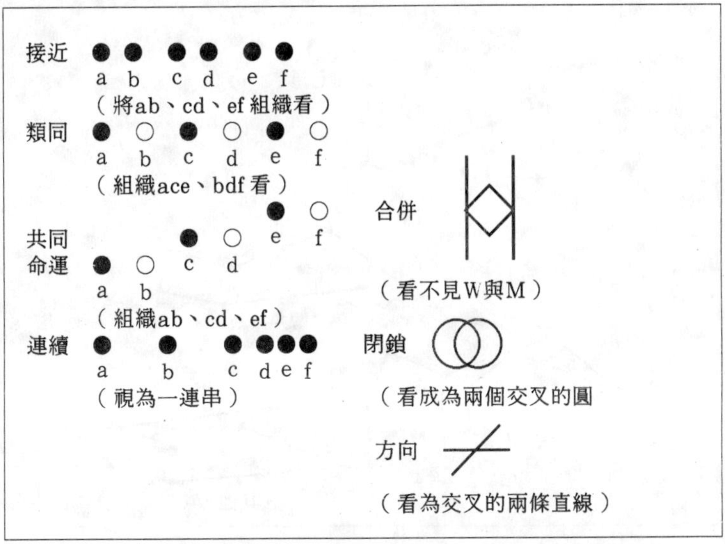

所謂失敗之理由，即格式塔 Gestalt 形態心理學上所稱之「群化法則」。當我們接觸某種素材的集合時，很遺憾無法自由知覺。最佳之例，即夜空中發亮的星座。例如，北斗星座之北斗七星，未必一定須看為「木勺」形態，或許可看成鯨魚或狐狸。

但人類的思考易受「群化法則」與認知的格式塔心理所影響，而看成是「木勺」。

「群化法則」有接近、類同、共同命運、連續、合併、閉鎖、方向等各式各樣格式塔模式。刻意排除這些模式，改變為其他視點而應用分組ORG技法時，必須留意。如此改變認知結構，方能獲得靈感。

●北斗七星為何是「木勺」形態？

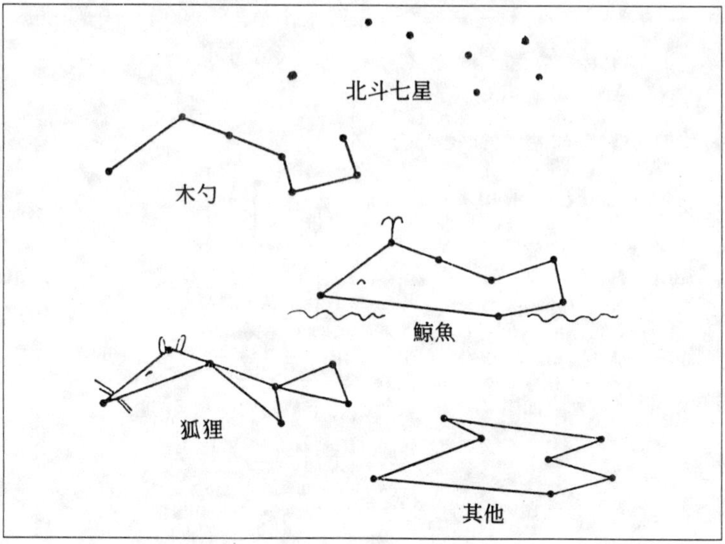

構想技巧④　ＣＯＮ

連結法

「風一吹就……」式的構想技巧ＣＯＮ

假定將〈連結〉構想技巧稱為ＣＯＮ，即 Connect 之簡稱。由不同性質之商品相互〈連結〉，而產生異想天開構想的ＣＯＮ手法，是自古以來創造性思考的常用手段。後面所介紹的焦點法等，也是ＣＯＮ的變形技巧。

常見之例為「風一吹，木桶店生意就賺錢」的諺語。亦即〈風吹→揚起砂塵→盲人增加→演奏琵琶師增加→貓毛代用為琵琶的弦→貓減少→老鼠增加→木桶被咬壞→故木桶店就賺錢〉。

各項事物相互連貫，乍看極合邏輯，是異想天開結論之典型。雖然這諺語只是一則笑話，但想不出構想時，由ＣＯＮ之啟示而產生有效解決方策之例也不少。

ＣＯＮ是平日鍛鍊彈性思考法的有效鍛鍊工具。

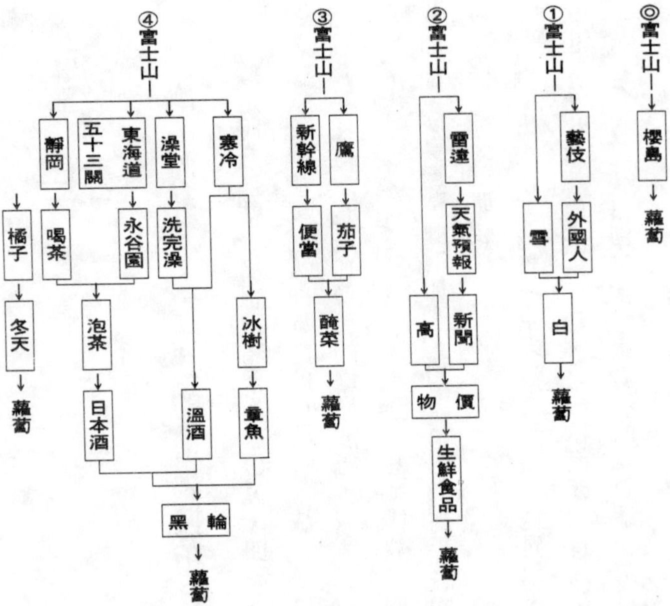

問題9 將下列二種語言以CON連結。

富士山→□→□→……→□→蘿蔔

以往一般性之解答為富士山→日本第一→長谷川一夫→演員→蘿蔔。

當然，將富士山與蘿蔔以CON連結之方法，尚有無數。

我令某大學生團體，嘗試回答此一問題，以下即介紹其回答以供參考。回答是依蘿蔔之前那句話，進行分組ORG。約會、清早回家等，都是大學生回答之特徵，也有利用最近的CM商業廣告詞回答，極為有趣。

但如果依「思考的架構」，將富士山

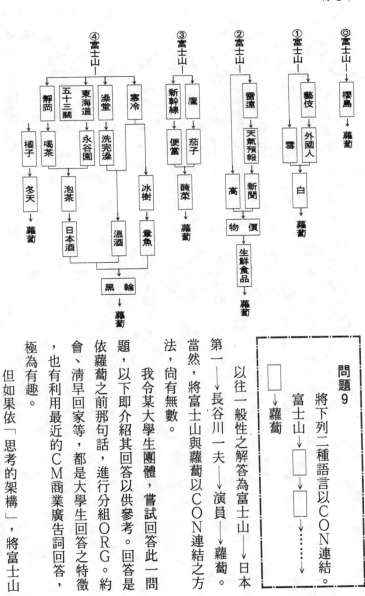

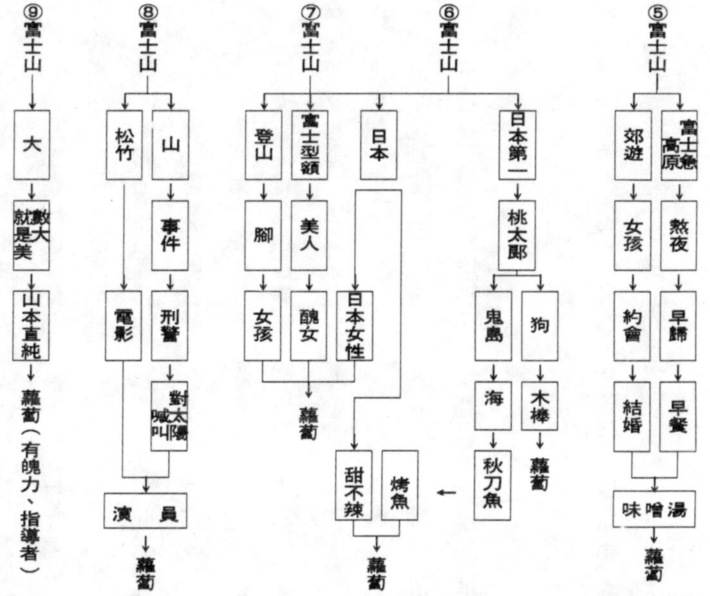

與蘿蔔之各種特徵列表，可獲得多樣且獨特的連結。

●練習問題

將下列兩者以CON連結。

①人類→□→□→……→□→無尾熊

②二十一面相怪人→□→□→……→□→雲霄飛車

③老鼠→□→□→……→□→烤麵包機

在烤麵包機側面〈連結〉捕鼠器？

美國的大企業GE（奇異電器公司）曾因不景氣，經營陷入困境，在幹部會議上討論如何增加滯銷烤麵包機的營業額。

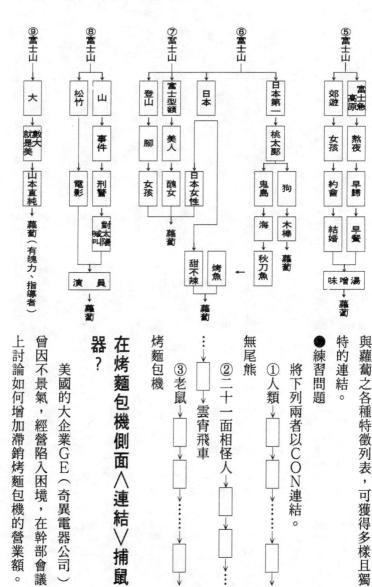

最後決定由全體員工提出改善案，對好的構想給與特別的論功行賞。不愧是擁有一流工程師、技術員與推銷員的公司，所提出的各種改善方案中，有一個奇妙的構想——「在烤麵包機側面加裝捕鼠器」。

幹部中的一人莫名其妙，乃招呼提出此構想的員工，聽其訴說理由。該員工說明如下：「我家的烤麵包機底部，經常留下許多麵包屑。夜裡，老鼠為吃麵包屑而爬上桌子，極為不衛生。我太太每天早上看了就生氣和埋怨，鄰居們也提出相同的苦惱。」

這位員工將＜麵包機→麵包屑→老鼠→捕鼠器＞與CON（連結）。但聽完說明的幹部，頭腦中立即產生＜補鼠器→老鼠來了→堆積麵包屑→不殘留麵包屑的烤麵包機＞之構想。

如此發現技術改良的重點後，即為了實現而集中努力開發研究。終於，GE的新商品，以「不積存麵包屑的烤麵包機」為宣傳文案而推出市場，好像「Hutcake 烤餅」一般大為暢銷。

假使GE擺脫赤字經營，公司就能更繁榮。

這則事例說明CON＜連結＞法的使用給予我們二種教訓。其一是超越一般常識之CON的必要性，另一種是目的意識的使用法。由這兩者，才使CON成為創造性思考的有效武器。

堤清二先生談有樂町Mullion的CON構想

CON技法，並不需要仰賴長串的連想。將不同性質之事〈連結〉的構想即為CON。將一般認為有排他性關係之要素〈連結〉，亦是CON技巧。

以此角度看，我非常佩服最近之構想，即有樂町 Mullion 豎框之例。一九八四年十月，建造於東京有樂町朝日新聞社遺跡的 Mullion，是百貨公司、電影院、餐廳等不同行業之集合體，改變了銀座的人潮，也產生「Mullion現象」的新名詞。

演出Mullion 現象之一的西武流通集團代表——堤清二先生，對 Mullion 的特徵作如下說明。

「Mullion 是集合全然不同的資本。百貨公司是阪急與西武；上層為朝日新聞與阿拉斯加。之外，東寶與松竹也互相競爭。顧客到只有一個資本的地方，只能進入其地盤而已；但若至各種類資本的結合體，消費者就有權任意選擇，因此保證來此之顧客的主體性。」

有樂町Mullion正是〈連結〉構想的精華。

在廣告的領域中，CON處於建立概念的主流。曾經流行一時的「hybrid（異種交配）」之構想，在技法上也屬於CON之利用。

下面列舉數則佳作，如可口美番茄汁的「飲酒後之翌晨」、「洗完澡後喝一杯」，這都是將常用句與自己公司產品結合的傑作。精工牌手錶的宣傳文案「為何手錶不更換衣服」，巧妙的將裝飾與手錶之概念加以結合。

此外，美樂達相機自推出「現在的你閃閃發亮」之CF電視廣告影片後，相機與軟片廣告業界的CF，即採取映像與音樂的CON連結固定模式。可謂CON是可撈取無限可能創造性之網。

構想技巧⑤　COM

組合法

由〈海曼法〉開發褲襪

海曼法是新商品開發的手法之一，這名稱是由貧困畫家海曼的故事而來。

海曼經常使用短小的鉛筆與橡皮擦作素描。描一描就擦、描一描就擦，可謂以「橡皮擦描繪」一類型的畫家。

但橡皮擦易滾至畫室的一隅，或與橡皮屑一起被掃掉而遍尋不著。貧困的海曼即思考不會遺失橡皮擦之方法。經過各種錯誤試驗，才想出在鉛筆另一端以鐵片固定切成小片的橡皮擦。今日所見裝有橡皮擦的鉛筆，即在此時誕生。

之後，海曼取得專利權，授權與 Rubber.chip 鉛筆製造公司，並以當時數萬美元之金額獲得專利權契約金，而成為大富翁。

所謂海曼法，即依二種商品之〈組合〉，而產生新附加價值的開發手法。使用這種手法所開發之商品，為數甚多。可謂最簡捷、且被認為最適合「實用新型」專利水準的思考技巧。

例如，由收音機與鬧鐘〈組合〉而成之收音機鬧鐘，即是在設定時間內，收音機會自動打開而取代鈴聲之構想。不被刺耳的鈴聲吵醒，而隨著悅耳的巴羅可式音樂迎接舒暢的早晨，一時廣為流行。

目前已普及化之褲襪，也是依〈組合〉構想而開發之商品。由於褲襪的登場，不僅解除襪帶之煩，同時也毋需擔憂襪子滑落。

將女性潛在性願望美妙地商品化之手腕，可說是富有創意的構想。稱為海曼法的名稱本身，可說是追尋一種成功的軌跡而已，但由此實例中亦可看出〈組合〉手法亦是具有普遍性的「構想的技巧」之一。

我將此技巧稱為COM，即Combine之簡稱。

問題10

使用COM思考新書桌的構想

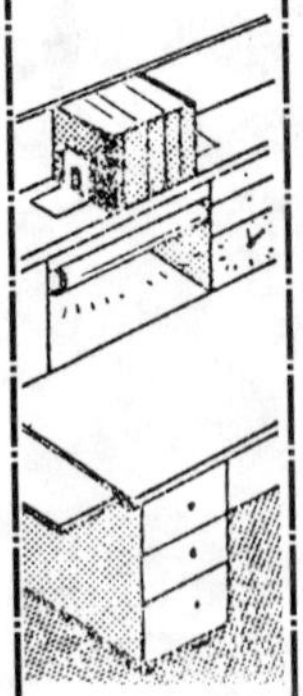

「組合法」・COM之利用

因想法有無限多，故回答不需逐一列出。在此只介紹創造構想使用COM時應留意之點

●書桌的形態分析法之一例

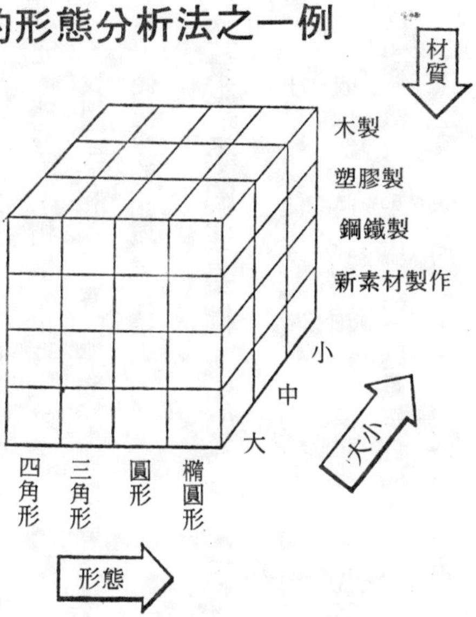

，並摘錄二、三項以供參考。

首先，考慮〈組合〉法與列表法併用的方式。亦即，先將目前書桌之外的文具用品列表。例如，

椅子、檯燈、書鎮、書櫃、鉛筆盒、抽屜、削鉛筆機、墊板……等。

其次，將列表之物品與書桌逐一組合。而若與椅子COM化，則可得「不使用時可收藏於書桌」構想。

將檯燈與書桌COM，則會浮現「加裝檯燈的書桌」或「不用時能收藏在桌內的檯燈」等構想。

書鎮、書櫃與書桌的COM，考慮「附書櫃的書桌」，或「一按鈕即使書鎮飛出，並左右移動的構想」。如此之各種構想均已商品化，為衆所皆知之事實。

或考慮形態分析法與COM併用之方式。所謂形態分析法由加州工程大學的弗利茲•瑞奇教授所創，為開發創意之鍛鍊方法，經由形態分析而獲得成功構想之方法。

例如，與書桌有關的資料，列出「形狀」「大小」「材質」三種次元，作成如七三頁圖之「思考的立方體」。除此之外，並將列表法所列之各要素作為附屬品〈添加〉，若進行多次元形態分析，相信必更臻完善。

我們已了解〈思考的架構〉。依思考之構想可抽出與形態分析法或列表法尚不完全的要素，使構想的領域更為擴大。

注意孩子的成長性，思考活動式的桌、椅

注意書桌使用者「孩子」的觀點，思考適用的架構，列出孩子成長的各種需求要素。成長快（時間的位相）、零散（空間的次元）、喜愛電視（嗜好的屬性）、無恆心（性格的特徵）、手不靈活（運動屬性）、……

以上等要素立即浮現，而只依這些要素，即可想出無數新產品的構想。

若注意「成長快」之要素則能提出，將桌、椅之腳，隨著成長加以延長的活動式方法。從「零散」要素，想到「將桌面以摺疊式擴大」、或「加寬收藏空間」，或「預先在抽屜或桌上附設『教科書』『筆記簿』『寶貝』等名稱」之構想。

如果掌握「喜歡電視」之屬性，可考慮「裝置小型電視」、「電視卡通角色圖案」等附加價值。

亦可擴大解釋，考慮裝置收音機、收錄音機、鬧鐘等附件。

重視「無恆心」之特徵，考慮「以簡單的圖案變化桌上的模樣」，或「『變形合體』書桌」。有關「手指不靈活之屬性」，以「訂製超大桌子」之手法對應；以往很多人抱怨「廠商以加裝許多零件而提高價格」，如今反而廣受歡迎。

有關組合法（COM）的使用法，應再注意一點。現在我們思考如下之問題。

問題11

思考針與錐COM之構想

糸川博士的「袖釦錶」之構想

將這問題請大學生思考，結果很遺憾，回答並非如預想「針與錐」般的多彩多姿。下面介紹勉強稱為新構想的二、三個回答例。

・投擲錐採集蝴蝶，以針固定標本。

・用錐在針上打洞做成縫針。

・讓針性的人（頭腦好的人）幫忙做作業；而錐性的人（有體力的人）打掃庭院。

但這都顯得太牽強。

亦即，不論如何，若只以隨意＜組合＞之姿態，則無法使COM發揮效力，而應發現什麼與什麼＜組合＞，如此才是COM之本來課題。

以此角度看，我經常提出之例為系川英夫博士專利的『逆轉構想』之袖釦錶與領帶錶的事例。

這些錶之技法是，將之如領帶錶的文字盤上下倒轉，則頸部不需歪斜也能一目瞭然。引發系川博士這些構想的動機是，夏季時很多上班族將手錶取下置於桌上之現象。這是由於佩戴手錶處的手婉特別容易流汗之故。

雖然從手腕上輕易取下手錶，但由於隨意擱置，因此也造成須經常尋找手錶，最壞狀況就是遺失。

為了解除這些不便，必須將錶置於不出汗部位。在如此般的累積思考（PUP）下，終於成功的完成袖釦與鐘錶、領帶與鐘錶之組合。

構想技巧⑥ DIV

分開法

思考下列之問題

問題12　A、B是同樣大小箱子，a、b是相同粗細的玻璃管。現在如圖般：a的砂往下流、b之砂往上流，並以同等速度同時移動。請思考其架構如何？

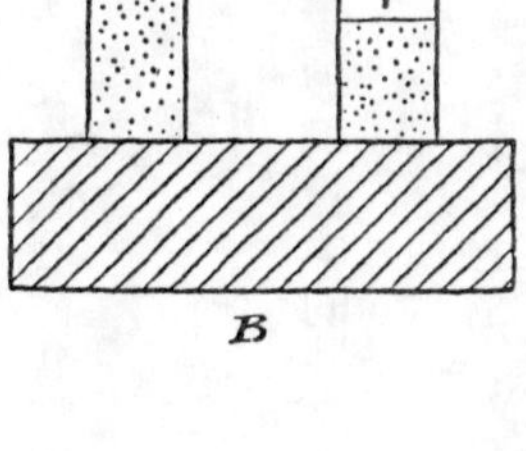

人人都易誤解砂的連動性

本問題是以美國實際銷售之玩具為基礎。我請猜謎作家蘆原伸之先生讓我觀看實物時，讚歎不已。

其架構容後敍述，首先介紹多數人之典型解答。

多半的人在潛意識性大前提下，根據所觀察之事實，而認為二支玻璃管中的砂之流動是連動。然後朝「究竟如何連動」方向思考。

此時，成為思考之問題的是玻璃管b的砂往上昇，乍見，砂的流動是不自然的逆重力。最簡捷之解決策略，是使用馬達、幫浦、或吸引機、吸塵機，由外界引進力量之方法。

但這解答猶如風評惡劣之推理小說的作家才是真兇般，不能稱為公平競爭。

或者回答：「這些砂都是鐵砂，在A箱的玻璃管b的上方裝置磁鐵」，亦是與前面相同構想。著想立意雖佳，但磁石與鐵砂，不能使砂如問題般順暢流動。

在束手無策的讀者中或許也擁有異想天開構想之人。例如：

●二支玻璃管連結，但b管是重力逆轉，使砂不斷循環之架構。

●其實這些砂，是某種微生物，a管是A箱的飼料，b管的B箱也有飼料，微生物為尋求食物而移動。

●模範型解答

玻璃管中的內容物，看起來似砂，其實是液體。

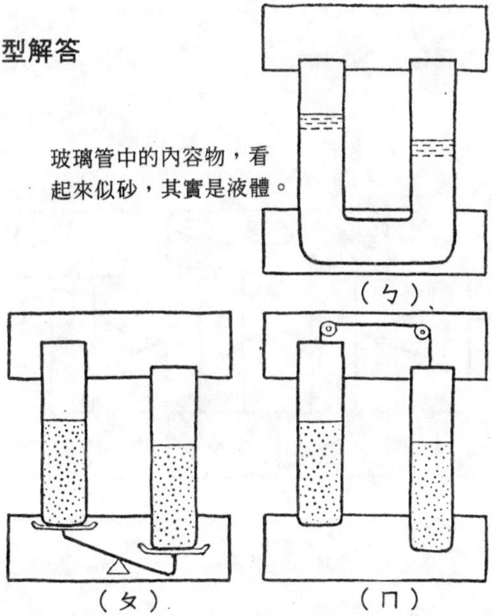

●a管是地表人正侵略地底王國，b管是地底人正侵略地表王國。

這類的「謎解」情節很有趣，但作為創造性思考的鍛鍊則過於極端。實際上，該問題為一般砂之流動，若環繞玩具的實物，堅持這「謎解」，可謂你是怪人中的怪人，充分擁有SF科幻小說的暢銷作家資格。

在這當中，能進行充分說明之模範解答為上圖的(ㄅ)、(ㄆ)、(ㄇ)。(ㄆ)是利用天平的原理、(ㄇ)是使用滑輪。都是變魔術的設備，可謂優秀之作。

〈分開〉思考，可掌握真理

看過前面所介紹的數種解答，各位是否已發現一項重大的共通點？

（ㄈ）●不可思議砂漏的結構

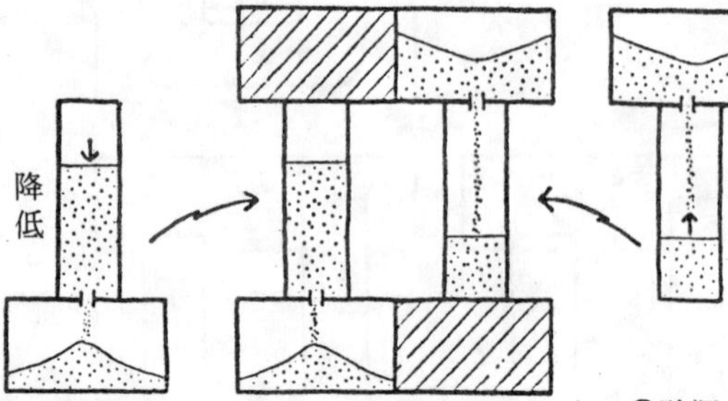

①砂漏　不可思議的砂漏　②砂漏

。亦即，任何解答，都是將左右二側視為一套的現象來思考。

這在ORG的說明中已經加以敍述，人類知覺認識之一大特徵為其原因。對同時發生的二種現象，潛意識中總認為二者有所相關。

接著請看上圖的（ㄈ）。這即問題所提「不可思議的砂漏」架構。這架構太過單純！實際上，將①與②的二種砂漏分開看，只不過是平時所見慣之平常現象而已。

但，普通的現象並列而同時發生，我們即錯覺二種現象之間有任何因果關係存在。

但在此刻意使用＜分開＞的「構想技巧」，以推翻兩者隱藏的因果關係為大前提，如此才可避免陷入人類知覺認識的錯誤，而能站在更自由構想的立場，展開創造性思考之羽翼。

我將＜分開＞技巧稱為DIV，即Divide

之簡稱。

問題13

請以DIV分開下列的問題。
西洋棋的五次勝負比賽，A與B說明如下。
A：「無平手，而我獲三勝的大勝利！」
B：「雖無平手，但我敗二次！」
請思考A與B何者強？

＜分開＞手法可適用於各場面

正確解答是「雙方都未獲勝」。

不使用分開技巧。DIV，則本問題之狀況的確不可解。依文解意，A與B都是三勝二敗；但既然A與B對戰五次，則不可能產生如此的結果。

但現在刻意使用DIV，將A與B＜分開＞，則自然產生「A之競賽對手可能非只B一人」之「靈感」。

事實上，問題之文字說明並未記載「五次的勝負都是A與B之間的對弈」。

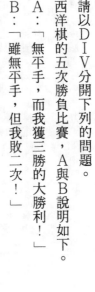

因此，使用DIV技巧，將該問題PUP（累積）。假定A與B之對戰頂多四次。然而對戰四次，必然不會產生二勝二負以外之例，所以兩者之實力伯仲。A與B的對戰在三次以內（含不對戰之情況），而由問題文之資訊中，不能判斷A與B之實力。

故依此例之PUP解釋「不能判斷何方勝」，才是該問題最妥當之解答。

也許有人注意A與B的語氣不同，而回答「B方較強」但有些人無實力，卻對失敗耿耿於懷，然而也有人滿懷謙虛，人之心理真是千差萬別。如果只盲信A與B的口氣，在心理學上是極危險之判斷。

本來，以二人的心理反應為著眼點並無可厚非。因〈分開〉手法（DIV），可適用於「思考架構」的各種場合。

前面的問題12，為空間性DIV。亦即，適用於物理性架構的DIV。下列之問題13，是將DIV注意於人物。同樣地，心理上需求使用DIV之例，在企業社會的日常經驗中也不少。

我曾在『頭腦體中』，介紹如下問題。

例題

二人小氣的喝酒。有不同形態的茶杯各一，其中一杯斟滿酒，分由二人共飲，請問不令雙方抱怨之分法如何？

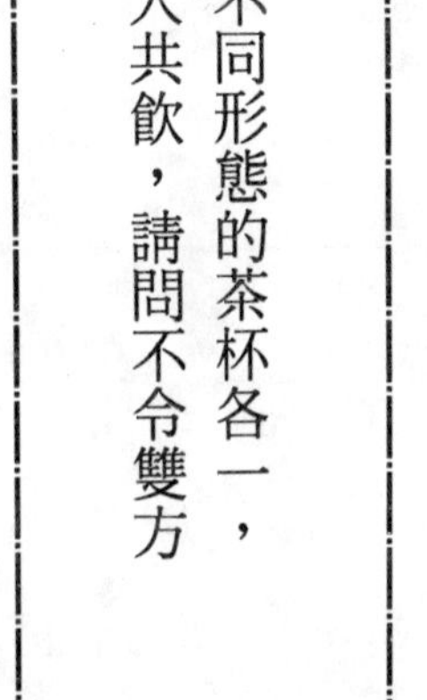

對此「難題」，我當時之解答如下，諸位讀者中也許有人已經知道。

答案：「首先由一人分酒，而自己任取一杯，如此雙方皆不會抱怨。然後，請另一位從二杯酒中取自己喜歡的一杯，剩下之最後一杯則為分酒者，如此雙方各取所需都不會抱怨。」

其理由是，在我腦海中思考該解答之最根本，心理上適用DIV手法。

「三方損一兩」是心理上〈分開〉技巧之成功例

如此般之心理上DIV技巧，在說服之場面成為極有效的思考技術。所謂說服，必須獲得心理上損益之平衡。

巧妙獲得解決問題策略之好例。下列情形知道的人可能不少。

正直的木匠阿巴，拾到同住大雜院熊公的三兩銀子，而歸還熊公之典故。但有道德觀之

問題14　A與B是相同大小的箱子，a與b是同粗細之玻璃管。現在如圖般，a管之砂往上、b管之砂往下，以等速同時流動。請思考其結構如何？

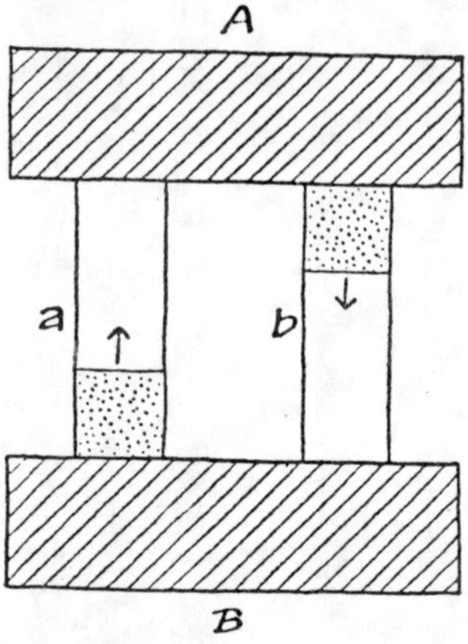

熊公卻執意不接受。雙方爭執良久後，至大岡越前（日本的包青天）處，請求他解決問題。

大岡越前從懷裡取出一兩，加上原來之三兩，平分給二位誠直的人說：「三方各損失一兩」。

＜分開＞構想技巧（DIV），是解決乍看之下複雜問題的有效技巧之一，但過於執著該技巧，有時反而會迷失問題的本質。請解答類似問題12的問題14。

為解答本問題，依DIV左右砂的動向＜分開＞之同時，必須併用說明玻璃管b砂的動向技巧。其技巧稱為SLIDE或IC，詳細說明如下。不論如何參考上列之解答，最重要的是提高頭腦的彈性。

●問題14解答

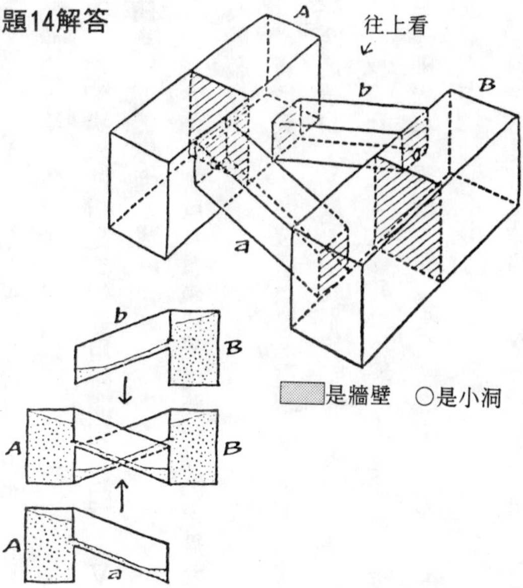

電影的攝影方法是最典型的「DIV」

提波諾的思考術，稱為ＡＤＩ、ＨＶ—ＬＶ、ＦＩ—ＦＯ之手法。ＡＤＩ表示「贊成、不贊成、無關係」，在交涉的場合，適用於正確判斷兩者意見的對立點。ＨＶ—ＬＶ意味「高價值與低價值」。以刻意將兩者〈分開〉為目的。「必要資訊與不需要資訊」簡稱的ＦＩ—ＦＯ，其基本也是由〈分開〉構想而來。這都是ＤＩＶ的特殊例。

不論刻意或無意識性，ＤＩＶ皆能活用於現代生活的各場面。

例如：塑膠玩具或組合式傢俱、住宅的組合屋法，是將空間〈分開〉之構想。

含蓋汽車、錶、電視、鍋子乃至衣服，現代的工廠生產物，一切都是〈分開〉後再加以〈組合〉之DIV—COM系統之產物。其他，在地區分割行銷上急速成長的三里商法，也是空間性DIV之成果。

電影攝影技巧是典型適用時間架構的DIV之例。衆所皆知，電影的攝影並非依上映情節之時間順序而拍攝。

舞台佈景，或外景鏡頭都是統一攝影，最後依軟片之剪接串連各情節的順序，並加以編輯的製作手法。

有則笑話，某位演員雖是電影之主角，但當電影完成試片時，尚不知該電影的情節。想完全透過DIV攝影系統了解整體相貌，有時如併圖遊戲般困難。

或者在都心等大樓建築現場，水泥攪拌車幾點幾分來、鐵材幾分鐘後再來之預定表，都需仔細決定，否則，與工程有關之車輛一次湧至，建築現場一帶勢必造成汽車壅塞，而使交通陷入困境動彈不得。

對現代社會生活而言，〈分開〉之技巧可謂不可或缺的構想。

此外，以企業界而言，不少企業設置了脫離傳統公司組織架構的事業部制。這是屬於機能上DIV之技巧，今後企業界的人士，也會多方面臨DIV的場合。

構想技巧⑦　OMIT

消除法

問題15

請閱讀一次下列文章（請太太、情人、同事、朋友等閱讀更好），並回答最後的問題。

「某天早晨，從東京郊外住宅區，一輛公車未載乘客由總站出發。在第一個候車站上來三位乘客。下一個候車站下了一位、上來二位乘客。再下一個停車站是橋邊，有二位乘客下車、新上來四位。然後，再下一站一位老人下車，上來一對年輕的上班族夫妻。公車駛入大街後，最先一站無人下車，上來一位學生；下一站時無人上、下。再下一站時，一位攜帶幼兒、年約三十的美麗婦人上車。而下一站即是終點之前一站，也是鐵路的車站前，有八位下車，一對老夫妻互相扶助上車。」

請問，這輛巴士到達終點站之間，共經過幾個候車站？

人人皆易陷入的思考陷阱

這是兒童最愛的著名問題，被詢問解答時，人人都會大喊「上當了！」因為，多數人的眼（耳）都執著於公車乘客數及上、下乘客之變化。

因此都以心算，或雙手之手指，以及計算機，一路追循至最後的乘客數，方才鬆了一口氣。但卻意想不到所提出之問題竟是「候車站之站數？」

不論心算或計算機，目的只為求得結果，故其間究竟加、減幾次已渾然不覺。可說太過於輕視眼前自然之事而「忽略」了它。從回答者之腦中欲再探尋記憶已困難重重。

也許有人只留意「學生上車是在年輕的上班族夫妻上車的下一站」、或「攜帶幼兒的美婦上車之站無人下車」「老夫婦是在終點的前一站上車」，觀察的眼光只留意何種乘客的上、下車。

或許也有人注意「第三個停車站是在橋邊」「過了第四站，巴士駛進大街」「有八位乘客下車是在火車站前，即終點的前一個停車站」，作地理性的觀察。

但不論如何，如此般之觀察事實，對最後的問題而言，只是枝節末葉之問題。

●將需要與不需之事物分開

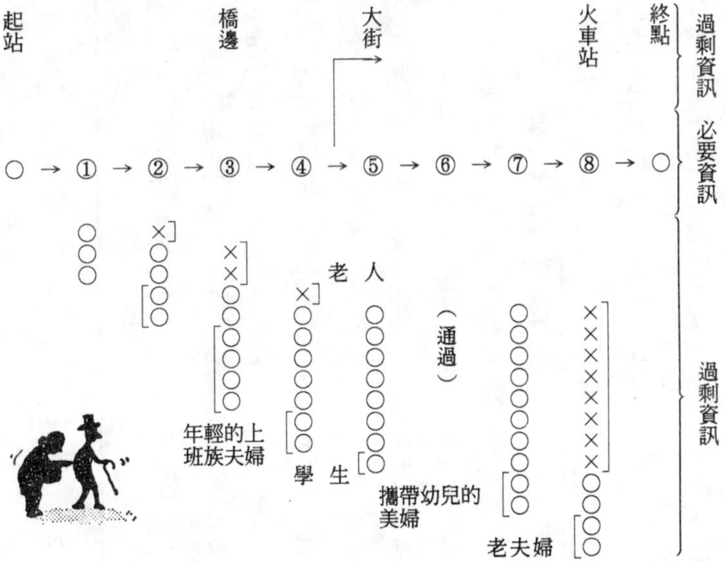

〈消除〉過剩資訊

本問題是所謂過剩資訊問題之典型。將問題文的資訊逐一列舉，再分類為必要資訊與過剩資訊（不需要資訊），如八十九頁圖。依此分類，則解決問題時，即能一目了然過剩資訊對回答者判斷之影響。

例如，詢問小學生「有五枝鉛筆，又得到三枝鉛筆。請問共有幾枝？」每一位都能正確解答。

可是如下列般，加上過剩資訊就無法計算。

「本來有五枝鉛筆、二枝原子筆，後來又得到簽字筆一枝、鉛筆三枝、原子筆二枝。請問共有幾枝鉛筆？」

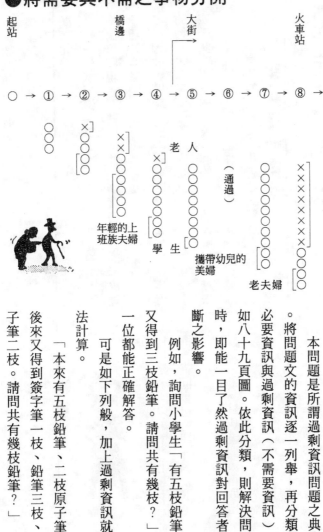

也許認為問題太無聊了。但請解答下列問題。

問題16

一位戴墨鏡、穿黑大衣、領子豎立的男人，帶一萬日圓現鈔至鞋店。他想購買四千圓的黑皮鞋，不巧鞋店老闆無錢可找。

因此，鞋店老闆至隔壁花店換錢，但花店老板亦無零錢，所以給了二張五千圓的鈔票，向對面的香煙店購買一盒煙，找回四千八百圓後就回自己店裡。客人取走四千圓的黑皮鞋、及找回的六千圓後，迅速離去。

不久後，花店老闆慌忙入店，說剛才交換的一萬圓是假鈔。鞋店老闆只得取出一張一萬圓的真鈔交給花店老闆償還。

請問鞋店老闆共損失多少？

簡明化當面問題之ＯＭＩＴ法

仔細思考，不論花店或香煙店、鞋店都是以等價交換，故並無任何損害。故這些資訊即可當面〈消除〉。

亦即，損害關係只限於可疑男子與鞋店老闆。因此，本問題〈消除〉過剩資訊後，可改為如下之形態。

「持有一萬圓假鈔的可疑男子，購買了一雙四千圓的鞋子，請問鞋店的損失是多少？」

正確的答案是「四千圓的鞋子，與現金六千圓，合計正好一萬圓。」

感覺困惑、不能解答的人，即為過剩資訊所迷惑。

如此般，在設定複雜的狀況中，發揮解決問題的構想，有時將過剩資訊與不需要的資訊〈消除〉之「構想技巧」極為有效。

這種技巧，我稱為「ＯＭＩＴ」。英文之意相當於其他、remove、exclude 等，但以 omit最適當。

問題17

請以ＯＭＩＴ思考下列問題。

某地有對不和睦的親子。經常打架，為使二人能和睦，鄰居們商議共同思考可行構想。曾任該地區的小學校長，想出一位長老的公案，獲得衆人的贊同，立即前往那對親子的家中

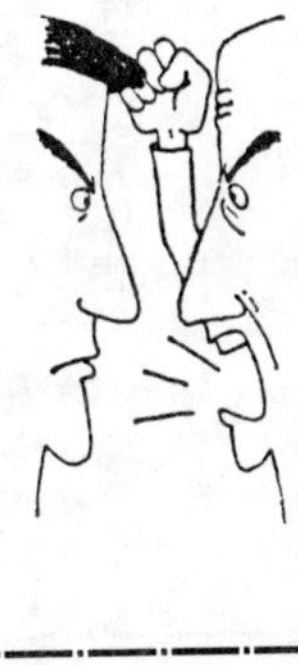

。長老說服方式如下。

「助先生（父親的名稱），你是一九二〇年（大正九年）出生，現年六五歲。十一年前很遺憾愛妻美黛（助先生亡妻之名）亡故，但你退休後的五年間，生活得悠閑自在。格先生（兒子的名稱），你出生於一九五一年（昭和二十六年）。今年三十四歲血氣方剛，雖然為了重考而浪費一年的時間，但從此之後的十年間，都為了社會、人類而奉獻自己，且於四年前娶了桃小姐（格之妻名）。」

「好，現將所說之數字全部累計，這並不困難。助之方面為一九二〇＋六五＋十一＋五合計二〇〇一。格為一九五一＋三四＋一＋十＋四合計也是二〇〇一。這意味二人都肩負二十一世界二〇〇一年人類未來之責。經常為芝麻綠豆之事而吵架，有何意義？」

至於，長老所言之數字一致，是否巧合？

〈消除〉過剩資訊所誕生的商業旅館

這位長老，不禁令人連想到耶拉利•奎思的推理小說中，具有超靈感的老偵探杜爾利•連，他的說服技巧將各種過剩資訊〈消除〉後，變得格外單純。

彷彿九四頁所示，將出生年份與年齡相加，成為現在的西曆，其餘再累計。然後加上與二〇〇一年之差數十六年即可。換言之，為使所加之數為十六，故從二人過去的生涯中，選擇適當、印象深刻之事件有關的數字。

ＯＭＩＴ〈消除〉之技巧，在商業現場也產生了意外構想之效果。

其極佳例子即為商業旅館。如今已普及化，廣被多數商界人士所利用之商業旅館，誕生迄今不滿二十年。

第一次實現此構想的是被稱為「理財之神」的邱永漢先生。他將商業旅館創業之經過，敍述如下。

「一九六五年，過去在各地普設總公司之企業，逐漸將總公司轉移至東京。我預想此傾向今後如何發展？以及今後所引起之影響如何？例如工廠設置在北海道、鹿兒島，而基於業務上的需要，員工必須前往東京總公司。如此一來，廠長或技術主任至『東京出差』之機會愈來愈多。但他們的出差費並不多，住在東京的大飯店，即使非第一流亦不足敷出。因此，我才想到在出差費範圍內能住宿的廉價旅館。」

以「思考的架構」掌握旅館存在要素，除住宿設施與原來的要素外，不需再具備宴會場、餐廳、門廳等各種要素或機能。

一般而言，飯店的收益不僅依靠住宿部門、宴會或餐廳等，仰賴其他部門確保收益之例

●將誕生年與年齡合計任何人皆相同

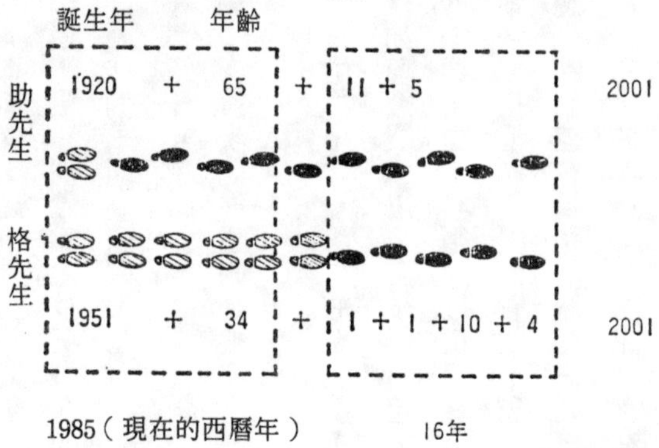

亦不在少數。

　但這都是旅館方面的情況，故以住宿為目的之商業人士，餐廳與宴會場之存在，對他們而言並無意義。不附帶這些設施，而使住宿費更廉價的旅館，反而較受歡迎。

　因此，邱永漢先生徹底消除過去飯店的過剩設施，而形成今日商業旅館。

「無嘴」的哈囉・吉娣成功秘密

　下面介紹另一個使用OMIT而暢銷之例。以孩子為對象的玩偶商品而急速成長的三里歐主力商品之一——「哈囉・吉娣」。

　繫紅緞帶、長著六根鬍鬚的白貓，自十年前達到商品化以來，始終保有最受歡迎玩偶的崇高地位。如今其商品圈已擴大至卡通人物角色「大本營」的美國。其實「哈囉・吉娣」受歡迎的秘密，乃在於OMIT（消除）

。三里歐企劃製作部的主要幹部表示：

「吉娣沒有嘴。仔細看，的確吉娣未繪上嘴，這即吉娣長期成為暢銷品的秘密。」

以心理學觀點看，為使漫畫人物之商品不被厭膩，無論任何場合，其所有主能對漫畫人物「移入感情」，才是必備的要件。所謂所有主，有時只是二、三歲的幼兒，也有國、高中的女生。同時他們的情緒不定，時而高興、時而悲傷或不甘心。

但，不論何時都能陪伴主人給與慰藉，才能長期成為暢銷的漫畫玩偶商品。可謂被期待「全天候型」的表情。

據說漫畫人物表情之重點，在於眼睛與嘴。由於描繪的方法不同，人物的表情完全改變。

有關此點，哈囉•吉娣以不流露感情的眼睛、以及＜消除＞嘴之二種手法，實現「全天候型」的表情。由於消除嘴之要素，而消除漫畫人物的獨特古板表情。

在知覺屬性層面，使用ＯＭＩＴ技法而成功之實例，為資生堂男性用化妝品奥斯雷吉。

以往，作為化妝品業界的大前提，與銷售戰略之要素，一是宣傳、二、包裝、三、香味。

但奥斯雷吉將此三大要素之一的香味排除，而以「微香性」為宣傳重點。

可謂巧妙地掌握單純又高機能化，商品才有價值的現代風潮之構想。

三菱五〇〇因過度＜消除＞而失敗

然而ＯＭＩＴ並非都萬能。如果與時代潮流逆向而行，或過於先進的ＯＭＩＴ，有時予人「偷工減料」的形象。

過去曾發售三菱五〇〇汽車。這已是久遠前之事，以具機能性的國產車先驅，風風光光的登場，採取歐洲車之思想，重視機能性，力求ＯＭＩＴ＜消除＞裝飾。如果延至今日才推出，此概念可能會受歡迎。但這車種終歸失敗。購買車主特地將保險桿送去鍍金，自己增加裝飾才乘坐之情形時有所聞，由此可了解失敗的理由。

亦即，對當時的日本人而言，自用車仍代表社會地位之象徵。既然如此，飾品成為受歡迎的要素，而只追求機能性的ＯＭＩＴ法，對被認為象徵性的附加價值卻加以剝奪。

ＯＭＩＴ＜消除＞法是單純的構想技巧。由於單純，故含蓋正、負面雙方，都能發揮強大力量。假定使用該技法朝錯誤方向獨行，將重踏三菱五〇〇之覆轍。

構想技巧⑧　FOCUS

縮小法

問題18

有如下圖般之調味料。請思考使該商品營業額成長之構想。

十七歲女職員銷售味素之名構想

構想之一是「加大內蓋洞口、或增加洞數」。從全體員工徵求味素營業額倍增策略，本問題與回答，就是當時所提出的。

在題名為「構想術」之書中，本例題經常被提出，也許各位已看過。彷彿成為傳說般，其內容如下。

有一天，味素公司的社長命全體員工提出一種以上「使『味素』營業額倍增的構想」。與其說是徵求構想，毋寧說賦與需完成之課題。

因此，營業部、宣傳部、製造部等，分別提出附贈獎品的行銷策略、引人注目的廣告、或將容器的形態改為可口可樂瓶型等構想。

其中，有位十七歲的女性員工，至截稿期仍苦思不出好構想。她想說「我想不出來」，但迫於社長之命令而不敢說出口。

某日晚餐時，她想在飯上撒海苔魚鬆，但由於潮溼而使瓶口阻塞。因此取來牙籤插入，此時，苦思良久仍無所獲的構想，如閃光般忽然湧現。

亦即，「擴大內蓋的洞」之改善策略（也有人說得到這靈感的是母親，在此不論是誰都不重要）。

實際上並未極端擴大，只是稍微加大些，一般使用者都以習慣方式撒出，故微小的變化不易察覺。同時，使用量的確增加。這即掌握對慢慢變化事物之鈍感，人類深層心理性認識構造之巧妙構想。

結果，該女性員工之構想，在社長審查結果，獲得十五名排行榜內，同時實際上試行，的確使營業額真正成長，日後亦受社長特別獎賞。

一切研究開發由＜縮小＞開始

其實，不知前述故事，「擴大洞口」「增加洞數」構想法的人不少。為達成目的，首先將「營業額」的不明確目標，〈縮小〉為「使用量倍增」的明確目標。

為增加使用量必須增加使用次數，或增加一次的使用量。既然一日三餐之習慣不能改變，故使用次數增加方向無效。如此，將目標更〈縮小〉，則為解決「如何使一次的使用量增加」之問題。依此問，自然連想到前述構想。

這種〈縮小〉構想技巧，稱為「FOCUS」。當然也可用 Center 或 Concentrate，套用最近流行的相片雜誌，稱為「FOCUS」。

FOCUS在學問的領域中也成為思考的利器。最近，無結晶合金 Amorphous 新材料引起世界性注目。我在某雜誌看到該領域的世界性權威東北大學增本健教授的一段話時，不由得使我對FOCUS重新刮目相看。

先驅性地將無結晶合金作為研究主題的動機，增本教授敍述如下：

「物質上，原子分為有規則排列的晶體狀態，及零散排列的非晶體狀態，有關晶體方面之研究，大致都已完成。但非晶體，由於金屬與半導體在自然狀態下無法形成非晶體狀態，故幾乎無人研究。因此，我才思考〈縮小〉無人研究之主題，作為我開始研究開發非晶體之動機。」

「雲雀」與百圓打火機之成功，也是依「FOCUS」技巧

當然，在企業界依＜縮小＞而成功之例不勝枚舉。例如外食產業的雲雀。

現在雲雀已成為郊外型家族餐廳之首，且急速發展中；在已達極限傾向的外食產業中，獨家維持高營業額之特異現象。但該公司十五年前開設第一家店時，只不過是小規模企業。之後，營業額急速成長，而其經營戰略，即是「ＦＯＣＵＳ」技巧。

亦即，雲雀將對象縮小為戰後出生的新家庭，以「家族四人，每週一次輕鬆享用飲食之店」的概念，進行價格之設定、菜單之選擇、設店計畫等。

假定只列舉「人人都喜愛之餐廳」的抽象目標，可能無今日的雲雀存在。

＜縮小＞為一種具體性目標之優點，造成所謂用畢即丟棄的百圓打火機，爆炸性暢銷之實證。百圓打火機的大成功，是廠商東海精器稱為「one.coine.price」，百圓一個＜縮小＞價格目標所致。

自十年前開始驚人性的暢銷，但當時是七年來第一次香煙價格的上漲之後，七星牌香煙一○○圓上漲為一五○圓。當時社會正流行「千圓丈夫」時代，從一天一○○○圓的零用金中，支付中餐五○○圓、咖啡二○○圓、香煙一五○圓，以及報紙五○圓後，僅剩一百圓。

因此，百圓對上班族而言，與「用完即丟」之感覺極為吻合。

雖然＜縮小＞目標，但思考要擴散

●以「FOCUS」手法獲得構想

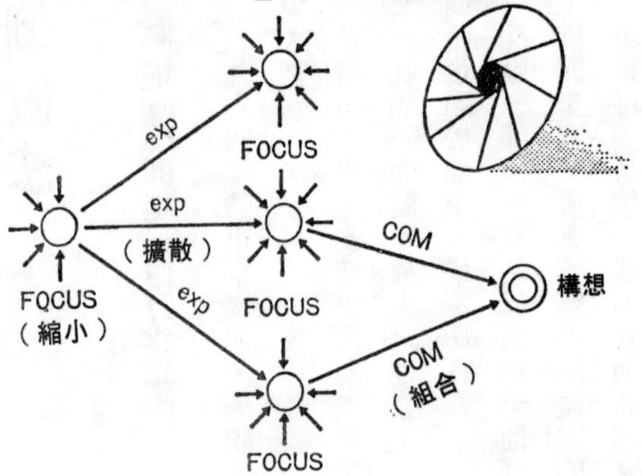

如此般正確掌握時代潮流，實行ＦＯＣＵＳ，只要目標恰當，即能成為強力創造性構想的牽引車。

提波諾也提倡稱為ＡＧＯ（目的、終點、目標）之思考術，意味〈縮小〉正確目標，與ＦＯＣＵＳ同為思考的工具。

但應注意之點為，若太隨意〈縮小〉，有時會造成嚴重失敗之因。並非〈縮小〉目標即一定可獲成功。

例如，前述列舉調味料的問題，乃是將「營業額倍增之目標，縮小轉換為「商品一個的利益率倍增」之目標。當然從ＦＯＣＵＳ中，只能獲得「提高商品單價」，或「削減商品一個之內容量」之消極構想；若付諸實行，將使營業額邁向更低迷之途。

若太輕易〈縮小〉亦會招致大風險。因此，要實行ＦＯＣＵＳ時，同時需併用擴散性思考技巧，思考「是否有其他的構想」？如上圖所示，即為此複合性方法之例。強力思考之利器，是對正、負面都有強烈作用。

構想技巧⑨ REV

倒置法

倒置地圖而獲得好構想

一九六四年的東京奧運，舉國上下一致之行動，是促使日本一躍成為今日「世界之日本」的重大基石。

當時，我也正為解決湧向主運動場、及其周邊超越五十萬人之觀衆可能引起的交通問題奔波。我們一面觀看放大之地圖，一面思考各種可行之計，卻苦無良策。所想到之構想不多，同時也過於抽象、或不切實際。

沈默一陣後，我站起來走至地圖前面，將地圖〈倒置〉再貼直。瞬間，出席會議的全員臉上綻露笑容，接著不斷提出優秀的構想。

本來地圖是依一般方式朝北張貼。我將地圖倒轉之理由，是因與我腦中所描繪之地圖，即與印象圖吻合。因此能一目了然掌握觀光客流動之動線。

如此般，有時僅是上下〈倒置〉，以往未發現之事實即能自然洞察。雖單純但卻極有效的〈倒置〉構想技巧，我稱為「ＲＥＶ」，即取 reverse 的前三字母。

下面介紹我所佩服的ＲＥＶ適用例。美國ＡＲＡ公司專門經營大公司與學校、醫院等之餐廳，該公司的自助餐制度，即採用ＲＥＶ方法。

其方式為自己在飯店等地吃海盜菜 Viking 式之早餐時，一般都是先取叉子和湯匙。一開始尚未決定吃什麼食物，不知該使用何種餐具，故多半的人都取用全套的餐具。

實際上，那些餐具中有許多尚未使用即被送至洗濯場清洗。

然而，ＡＲＡ自助餐是先選擇料理後，再取所需之刀、叉、湯匙等餐具，將其安置於最後。由於如此，不使用的餐具不須再洗，故可大幅減低經營成本。

問題19

準備１、２、３、…、10、Ｊ、Ｑ、Ｋ等十三張撲克牌，使用〈倒置〉構想技巧玩下列遊戲。

①將最上面一張卡片放置在最底下，翻開第二張出現１。接著將第三張放底下、翻開第四張出現２。依此手法倒置使數字依序出現。

②由上面取三張卡片，一面說「Ｏ、Ｎ、Ｅ」一面逐一放置底下，翻開第四張出現１。接著再取三張卡片，一面說「Ｔ、Ｗ、Ｏ」，一面也逐一放於底下，然後

打開最上一張卡片出現2。如此般，依「T、H、R、E、E」「F、O、U、R」…「J、A、C、K」「Q、U、E、E、N」「K、I、N、G」等英文拼音字的張數逐一放於底下，則卡片會依數字的順序出現。

使用REV技法而輕易識破魔術戲法

本問題是不使用REV也可解明，但使用REV，則可不需思考而機械化的解決問題。亦即，該魔術之手法，是將時間的流程逆轉。如問①，首先手持K與Q，一張放在底邊即出現Q，K疊在Q上。

其次，在KQ之上放J，將最下面之Q倒翻（底邊的Q也放在上面）作成QJK。接著在QJK之上放10，拿最下面的K，變成K10QJ。以此方式，這魔術的結構就簡單可行。

寫在紙上思考之思考派的人，與實際上親手反覆試行錯誤之實踐派的人，認為他們所使用的方式浪費許多時間，同時思考此問題也須集中力與強韌的邏輯力。

尤其問題②，對此束手無策的人可能不少。但若使用REV「思考技巧」，即可簡單完成。

下面介紹正確的解答。

①由上依序排列〈7、1、Q、2、8、3、J、4、9、5、K、6、10〉

②是由上依序排成〈3、8、7、1、Q、6、4、2、J、K、10、9、5〉

至於第②問題是將右邊之解答倒置，由下依序排列，若熟記此方法，則在餘興節目表演的場合中將很受歡迎。

•〈極Go.ku（5Go、9ku）道dow（10dow）OYAGI（K）兵隊He、Tai（J）NiSi10（2、4、6）OkuSan（Q）HiToRi（1）NaYAMi（7、8、3）〉

以〈縮小〉與〈倒置〉而抬頭的馬自達•familiar

以年輕人為對象的馬自達•Familiar大衆車，為將前述FOCUS（縮小）與REV併用而獲得成功之例。

開發商品化馬自達•Familiar之東洋工業，於一九七五年十二月期末，結算出現一七三億圓的赤字，經營危機檯面化。

當時，幸虧主銀行——住友銀行給予全面性支援，才逃避危機。但之後仍是多事多難，為了重建不得不積極開發起死回生性的構想商品。

振興東洋工業的戰略之一環，卻思考推出以年輕人及女性消費者為主體的大衆車市場。但在該市場，卻有世界第一暢銷車的豐田可樂娜之勁敵。

因此，技術開發陣營訂立超越豐田可樂娜之目標，實行FOCUS方法。

可樂娜被認為是所向無敵之車，不論設計款式、性能、價格，都是水準之上的優良車。

但，相反地，為迎合大衆嗜好，基本上成為保守性色彩強之車型。

更具體的說，由於完美度過高，以致被占新用戶大半的年輕人視為車型太平凡之車種。

東洋工業的開發部門於是徹底排除平凡與保守性，結集一切的技術力，努力開發以年輕人為市場的「FOCUS」之新型大衆車，至一九八○年六月，正式銷售新型的Familiar。

Familiar銷售不足二年，即提升為與可樂娜爭取最具銷售實力之車種，同時也證實開發部門的判斷正確，這是衆所皆知之事實。

回顧Familiar的開發過程，不僅有效實行FOCUS（縮小），同時也徹底查出勁敵可樂娜之優點，加以REV（倒置），而發現新商品的概念，造成決定性成功的轉捩點。

優點即缺點、缺點即優點，兩者互為表裡。「轉災為福、轉福為災」，正是表達REV的基本理念。

問題20

使用REV解決下列狀況。

這是發生於江戶時代之事。有天，德川將軍

欲至日光的東照宮參拜。但參拜之前日下大雨，城牆崩塌，大石滾落阻擋道路。當夜，普請奉行（日本負責土木工程官員）為排除大石而率衆親至現場。

到達現場即刻搬運石頭，排列圓木做為滾軸，以繩子繫在石頭上移動，但因天雨地滑、路又不平坦，因此拖不動石頭。在如此狀況下，至翌朝大石仍阻擋將軍通行之路，奉行覺悟若無法解決，唯有切腹之途。

但，此時老中（官名）松平伊豆守，在奉行耳際低聲耳語。奉行火速召來工頭下令重新作業。翌日，將軍一行人平安又興高采烈地至日光參拜。

試問伊豆守對普請奉行提供什麼構想？

你的智慧能否超越松平伊豆守？

喜愛聽故事的人，應已熟知伊豆守有「智慧伊豆」之稱，是位很有構思的人，也已知該問題之答。據故事之記載，其答案如下。

「取下繫在石頭上的繩索，停止拖拉工作，請工人一起合力在大石處挖洞，然後將大石頭埋入土中。」

亦即，將搬走石頭之目標〈倒置〉，改為埋入土中之作業。以「思考的架構」之用語，將二次元（平面）的問題設定REV，掌握為上下關係的三次元問題。

的確，伊豆守的構想亦為解決問題的優秀策略之一。但解答並非僅此一途。例如以上下關係言，建造能跨越大石之支架，再設立階段式坡道亦為可行之計。

既然能擔任江戶城的普請負責人，必能召集一夜即可完成此作業的工匠。或翌日請將軍改走另一條道路亦可。在特設的路線安排藝人表演，表演精彩的才藝，將軍也不會抱怨「與往常所走之道不同」。

或許反受褒獎，可謂「轉災為福」，REV之效果太卓越了。

〈倒置〉構想技巧，提供將看不見的事物轉變為可看見之事物。這意味著，為進行創造性思考，我們應注意何種問題之技巧。

也有如下之例。二位某國際聞名的鞋商之市場調查員，被派遣至非洲某國家，調查課題為「當地是否有適合本公司之市場」。

經過一個月的市場調查，二位調查員終於回國了，卻提出二份迥然不同的調查報告。

其中一位，以「該國大半的住民現在仍有赤足之習慣」為由，而判斷「無希望」。另一位則提出「大有希望」之報告書，其理由如下。

「目前穿鞋之住民屬少數，但其潛在性需求無法想像。若培養住民穿鞋習慣，則可期待爆發性的營業額。然而，其他競爭公司尚未察覺此事實。故現今為攻略市場的絕妙良機。」

小原國芳的成城學園構想技巧

「Time lag」意謂時差。表示噴射機移動時的時差用語，但在開發構想的領域中，本觀點有時頗具建設性。

景氣與流行潮流也是一種時差，但這種時間性的位相差異，有時以空間性呈現。例如，在日本已開始滯銷之商品，在某些國家則爆發性的暢銷；或是反過來，在日本剛出售之商品，在國外已非流行等現象。

貿易商不斷努力獲得全世界之資訊的背景，就是如這般時間差、空間差所造成之世界性現象。如此之差異現象的觀點，也是利用時間性、空間性架構的ＲＥＶ。

同時，將常識上認為無用而捨棄之事物重新投注之方法，亦可稱為價值觀架構的ＲＥＶ。

典型之例為以「全人教育」為口號之小原國芳先生所創造的成城學園。小原先生面臨新學園立地之問題，尋找鐵路沿線中，站與站間距離最差之場所，決定在站與站的中央建立學園。

不久，在小田急沿線發現候補地，當時之狀況，不僅遠離車站交通不便，且土地也不便宜。

小原先生為購入土地或取得租地權而拚命奔走，並於土地談妥之際與小田急電鐵公司洽商：「我欲在此建立一大學園都市，請在此設立車站。」這是考慮時差與空間差後，有效使用REV技巧，以時間與狀況之變化逆轉價值觀之實例。

重新投注背棄之事物的〈倒置〉技巧，在各領域中廣被應用。古代之例為平賀源內鰻魚店的絕妙促銷文案——「土用立夏日吃鰻魚」。一般認為「酷暑之季怎能吃鰻魚？」而將當時江戶的一般常識改為〈酷暑→活力不足→進補〉與CON（結合），作一八〇度倒置之技巧。

已故三原脩先生是REV高手？

此外，最近之例為將〈快速→機械→男性顧客〉之機車常識，一八〇度逆轉為〈女性顧客→代替自行車→設計款式〉概念的REV技巧，本田技研開發、商品化的road-pal等一系列家族機車之構想。

無論如何，以心理學而言，人類最易忽略與未思考的事物，即與常識完全相反的價值觀，其背側之意即逆轉之概念。如此掌握人類思考盲點的方法稱為REV。

在職棒界打擊率三成，成為一流打擊手的代名詞。不論多麼優秀的投手，遇到「下位打擊手之打擊率三成」，自然而然就緊張。何況二流的救援投手，面對三成打擊率時，常因緊張害怕而被擊出安打。

曾被譽為「球界的魔術師」之三原脩先生，擔任教練時，以REV構想方法，排除投手面對三成打擊率的恐怖感。

他對投手說：「三成打擊率意味十次只能打三次安打。反過來想其中有七次打不出好球。故毋需害怕七成擊不出安打的打擊手。」而解除緊張感。

三原先生的想法，可謂REV「構想技巧」的真髓。

構想技巧⑩ SLIDE

轉移法

問題21　從下列六種圖形中，選擇與其他性格全異之圖形。

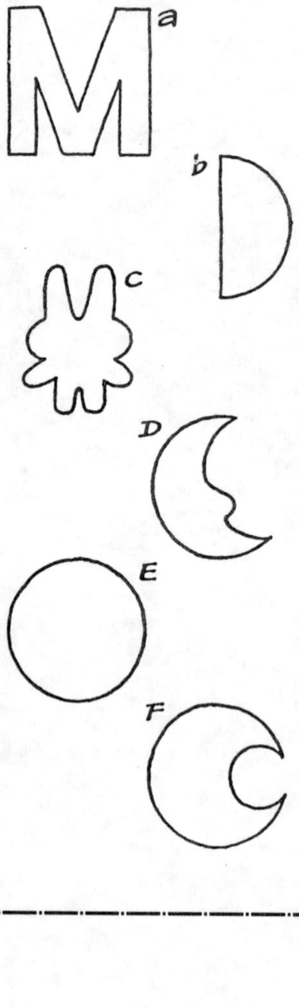

〈轉移〉思考立可獲得正解

究竟你會選擇哪種圖形。

選a的人，表示聰明型。a是以直線形成，與其他圖形顯然性格不同。

如果選擇b的人，你亦是正解。因這圖形是以直線與曲線之組合。既然如此，你能發現易被忽略之處，表示你是巧妙思考者。

選擇c的人，也有其理由。因唯有此圖形，看起來令人連想到漫畫的兔子。故選擇此圖形的你，具有想像力豐富的性格。

選擇D的人，表示數學性思考強之類型。仔細觀看，唯有本圖形為非對稱，由於發揮數學平衡感之功能，而認為「唯有此圖形與衆不同」！

選擇E的人，顧名思義為完美主義者或圓滿主義者。因唯有本圖形，無稜角而圓滑的結合。但也是平面圖形的基本形之一。

最後選擇F的人，你的見識觀非常卓越。因其他的一切圖形，都意味與「月」有關，唯有本圖形無關。

如此般，該問題中的六種圖形，任何一種皆可獲得「正解」。

太執著於「只有一種正解」的大前提者，也許認為問題太挖苦人。能洞察六種圖形中與其他各圖形性格不同的事實者，才可稱為真正之「正解者」。

如此般，面臨問題時將觀點與立場〈轉移〉，而使思考獲得意想不到之構想的實例不少。〈轉移〉之「構想技巧」為轉變頭腦的有效手段。

我稱此技巧為「SLIDE」。用shift名詞亦可表示，但以構想觀點仍以shide較適當。

在電視上獲得激烈回響的「一・一m視界」

曾在電視上播映蘇聯育兒所的狀況。幼兒被放置在嬰兒椅上，其嬰兒椅與日本的不同，四支椅腳非常高。一般母親會擔心「太危險了會掉落」，但實際上，幼兒不須刻意抬高視線，即能自然與褓姆眼光相合。

當時，我正在NHK製作四月入學時所放映的節目，報導的對象為該年入小學的孩子及其母親，或學校相關人員。

以小學一年級學生眼睛之高度看世界，稱為「一・一m視界」的節目。

小學入學時兒童的視線高度約一・一m。節目將攝影機設立於此高度，拍攝街景、家庭、學校之事物。逛街散步時，不能購買熱狗；或至電話亭時，因過高而無法投入錢幣、撥號；回家後，假定住在高樓大廈的上層，按不到自宅樓層的按鈕。

亦即，本節目將過去未考慮孩子的對事物之觀點或立場，而以大人本位建立街道或家庭裝潢，在其中表露的鉅細靡遺。

所以該節目獲得社會的熱烈回響。之後，以此觀點為改善公共設施策略的契機。

例如，為方便坐輪椅的人，將電梯的方位指示鈕置於下方；而天橋為便利輪椅或自行車

例題　有A、B二個杯子，A是水、B是葡萄酒，二者等量。首先，將B中四分之一的葡萄酒倒入A中拌勻後，反過來由A倒回其混合液，使A與B成等量。則A中的葡萄酒量與B中的水量，何者多？

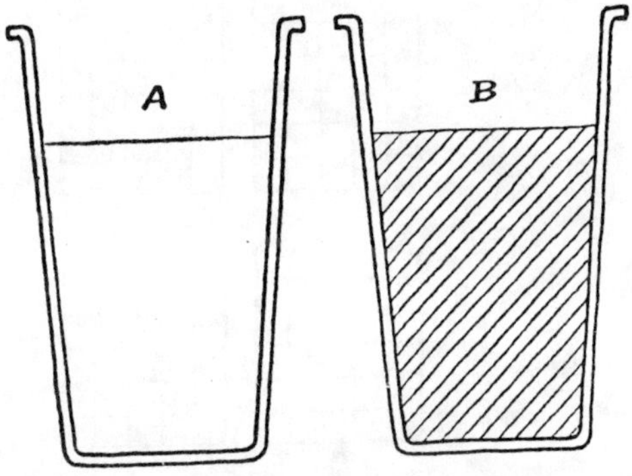

使用者，在階梯旁設立緩和的坡道。

以空間性〈轉移〉看問題

「SLIDE」技巧，不僅〈轉移〉觀點或立場，同時也適用「思考架構」的各要素。其中最明確為適用空間性要素。例如，我曾將一一五頁的問題，刊載在『頭腦體操』。

我提出「相同」之正解，但很多人來信「不同意」。其中有位讀者，提出如下乍見頗具邏輯性的說明。

「首先由B倒入純葡萄酒至A，再由A倒回B，成為葡萄酒與水的混合液，故所含的水量當然比由B所倒入之葡萄酒量少。因此B中的水量應比A中的葡萄酒少。」

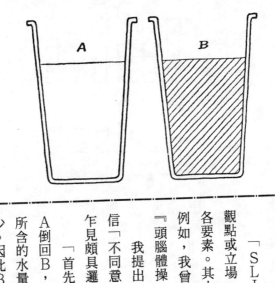

●為何A與B等量

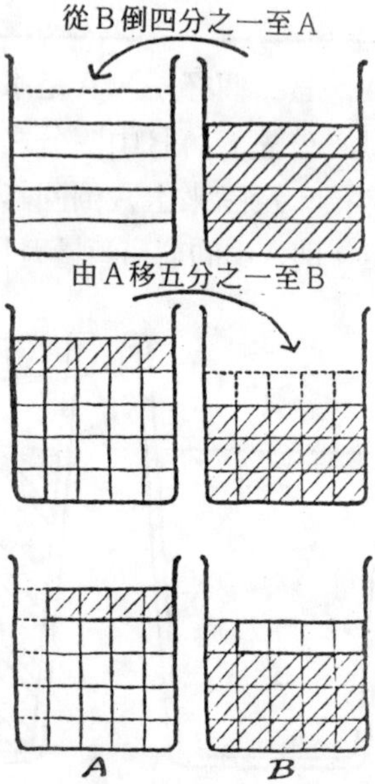

為檢證「相同」之答，不須反覆議論，而如圖一一六頁般，圖示本問題之手續即可。

1從B倒四分之一至A。「拌勻後又倒回，使A與B回復等量」，如圖2所示，將橫的分割SLIDE為縱的分割之解釋法較清楚。總之由A倒回B的混合液中，葡萄酒與水之比率，與A所剩餘之混合液的比率相同即可，故「理論上」SLIDE的操作與問題之條件一致。

由時間性SLIDE而產生好企劃

SLIDE除適用空間性架構外，尚可連想適用於時間性架構。猜謎作家蘆原伸之先生，以淘氣調皮而聞名，他的構想傑作之一如一一七頁。

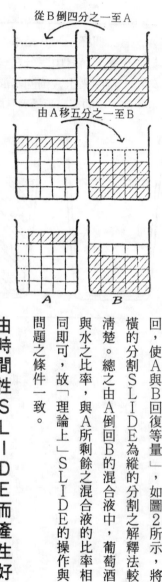

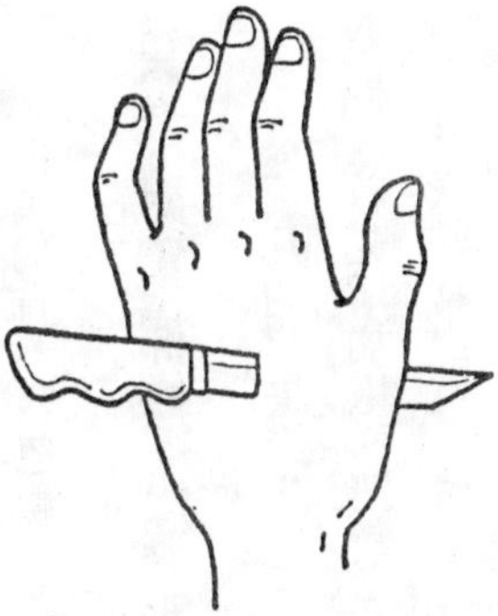

乍看之下令人吃驚，你的感覺如何?不相信刀真的刺入手掌，若非使用〈轉移〉構想技巧，的確令人深感困惑。其實，本圖是先將手拷貝，然後將圖四周剪下，插入刀子後再拷貝一次。亦即利用時間的〈轉移〉所作成之圖案。

在電影或電視上，常見忍者與超人很偉大，背朝後向高處跳躍。如今已普遍化，令人只感覺「又來了」，這只是影片逆轉之技巧，也是時間性ＳＬＩＤＥ的應用例。

負責電影特殊效果的人員，都屬時間性ＳＬＩＤＥ的專家，在現代化的街道、電線桿貼上描繪的樹皮之特殊紙，以及在柏油路上灑砂、堆置落葉、透過攝影技巧，看起來彷彿回復到二十年前的風景。

我曾聽電視製作人說「取出二〇年前的劇本，就能獲得許多新節目的企劃構想」。如此般之流行必然會再回歸。

曾經流行過而被遺忘後，亦可能再度成為熱潮。以此觀點，發覺現在電視放映賣座的節目中，都是依時間性ＳＬＩＤＥ之構想而製作。

如前所述時差的活用在此也可行，但與ＲＥＶ〈倒置〉技巧相同，適用ＳＬＩＤＥ時，時差與空間差有密切關係。

目前日本的藝術與音樂，或電視的嶄新企劃中，直接移植自美國流行事物的構想之例不少。

或在國際貿易的領域中，現在韓國的經營者們，拚命想學習日本經營者的戰略與戰術之事實。他們的構想，其根本也都是〈轉移〉的技巧。

總之，「ＳＬＩＤＥ」適用於「思考架構」的各種要素。屬性、狀態、機能……一切都可適用。例如，以空氣牆代替門，空氣門的構想是將固體→氣體狀態之技巧。

最近以漫畫表示學問世界的啟蒙書之企劃頗為流行，是將在孩子的世界所發生之機能，ＳＬＩＤＥ於大人的世界之構想。在學問的世界，稱為「學際性」的不同領域之複合研究愈來愈旺盛，其實這種現象，也是意識性進行ＳＬＩＤＥ，將易陷入孤立化的學界動向加以活性化運動。

但，仍有不容忽視的重要架構存在。敍述之前，請使用ＳＬＩＤＥ，思考問題22。

只考慮電梯無法解決問題

最平凡的解決策略是「設置電扶梯」或「電梯的旁邊加設樓梯」。假定有足夠的預標與空間，首先增加電梯部數，一切問題皆可迎刃而解。

其次較常出現之構想為「二部電梯的其中之一改為直達，只停留於規定的樓層」。這構

問題22　A百貨公司只有二部電梯，電梯門前擠滿了等待搭乘的顧客，故不斷的有顧客埋怨，請思考解決策略。

想，已在多數的百貨公司中實施。

「年齡限制，規定年輕者使用樓梯」、「採取收費制」等方案，但在百貨公司之立場並不合適。著眼於電梯本身的解決對策，其他尚有如下各種。

●高速化加速回轉（但如果各樓層皆停留，不能期待時間的縮短化）。

●極端放慢速度，使客人覺得爬樓梯比乘電梯快（太不親切）。

●禁止使用。貼上「故障中」的字條（問題外）。

●電梯中設上下層，請乘客蹲著（不切實際）。

●貼出時刻表，依時間運行（由於正確了解等待時間，這不失為好構想。將電梯的運行速度ＳＬＩＤＥ）。

這些解決方策，都是以百貨公司的立場為構想，且多半是物理性架構的單純操作。

但如以乘客的立場思考，自然產生截然不同的看法。亦即等待電梯的乘客，不僅想盡快到達目的地之樓層，同時因被迫等待的行為而感到痛苦。

故，如能將顧客「等待」的心理，使用某種方法ＳＬＩＤＥ，就不再有人抱怨。

以心理性ＳＬＩＤＥ，而獲得「樓梯少女」的構思

如此般，乍見為物理性之問題，實際上，本質為心理性問題之例，在現實社會的各場合經常發生。現將問題的解決方案，以心理性〈轉移〉看，會浮現無數的構想重點。總之，令在電梯間等待的顧客不會感覺無聊。然而，為達此目的，考慮如何活用電梯間。例如，「開展覽會」「舉辦show」、「大拍賣」、「播放電影或錄影帶、電視等」、「設置沙發與雜誌」、「免費提供茶水」「設置等身大之鏡子」……等。

以同樣思考，可並行積極的利用階梯之構想。例如：張貼健康活動的海報、鼓勵多利用樓梯。我所任教大學的研究室的學生，提出如下構想。

「各樓的樓梯間，設置稱為『樓梯服務生』的中年婦女喜愛之美少年，以及中年男性喜愛的美少女之『樓梯服務生』」。

現實之可行性如何，在此暫且不論，但已將百貨公司的形象加以改善。

構想技巧⑪　ＩＣ

置換法

「變化」，構想即泉湧而出

有句諺語「窮則通」。意味陷入困境而束手無策時，反而能打開可行之道。典故出自『易經』，本意是表現「窮則變、變則通」。

如此般，在句中插入「變（變化、置換）」之語，這句平凡的諺語，透過文字「變」突然轉變為不可思議的「構想技巧」。

我在解決問題上束手無策時，經常將問題本身〈置換〉為完全不同的問題思考，然後，自己也能獲得意外的解決方策。

「需要為發明之母」與「窮則通」之意相同。這句話也有隱喻「代替案」之關鍵語，因此二者完全相同。亦即意謂「需要可獲得代替案，而代替案可產生發明」。

如此般之〈置換〉技巧，也屬創造性思考的基本方法之一。我稱此技法為ＩＣ。即interchange的簡稱，也含alternative（代替案）之意，請作廣泛解釋。

提及ＩＣ，現代人立即聯想 Integral Circuit（集體電路）。但這聯想並非錯誤。目前已邁入ＬＳＩ（大型集體電路）與超ＬＳＩ的時代，而今日的電子之基本，仍屬於ＩＣ之變化。

同時，現代社會的高度資訊化之推進力，也是ＩＣ的功效。

創造性思考與ＩＣ方法之關係，可喻為高度資訊化社會與集體電路的關係。如此之ＩＣ構想極為重要，隱藏巨大力量。

ＩＣ（置換）法，可適用於（思考架構）的各要素。其中，適用機能架構的ＩＣ稱為「機能轉換」，成為開發構想的強力工具而廣泛被利用。

請思考問題23。

嘗試機能轉換，任何問題皆可解

不假思索的回答，是將天平計測器的右邊（或者左邊）盤上放一個法碼，而另一邊的盤上裝置砂糖。但此方法是砂糖超過十公克（或低於十公克），則無法解決問題。

因此，多數人的構想是左右二方都計測，所得之二堆砂糖合計後，再分成二分。但如何分成二分？只須稍加考慮，即可發覺這方法並非正確的解決方式。

如此般，只在原地踏步，思考不能前進之理由是，認為法碼表示重量、砂糖為被計測之

問題23　如圖，左右桿之長度不同的天平與十公克的法碼乙個。請使用工具取出砂糖袋中的十公克砂糖。

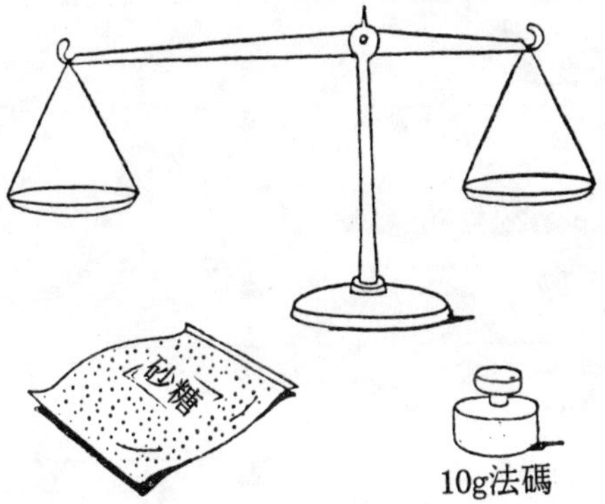

對象的大前提無法突破所造成之故。能計測砂糖之因，是砂糖有重量。

亦即，某量的砂糖，也能使用表示重量的法碼為代替品。所以，首先在右邊（或左邊）的盤上放置法碼，在另一方的盤上放置砂糖，使二邊保持平衡。

其次，取走法碼，在其盤上改放砂糖使二邊保持平衡，則其盤上之砂糖即為正確的十公克。

當然，這問題只能以法碼及砂糖〈置換〉之構想而解決。但如前所述，刻意掌握「被計量」之砂糖，轉變為「計量」的機能轉換方法，不論任何類題，皆可輕易思考解決方策。

下列例題，為經常舉例之問題，請以機能轉換的構想，進行ＩＣ。

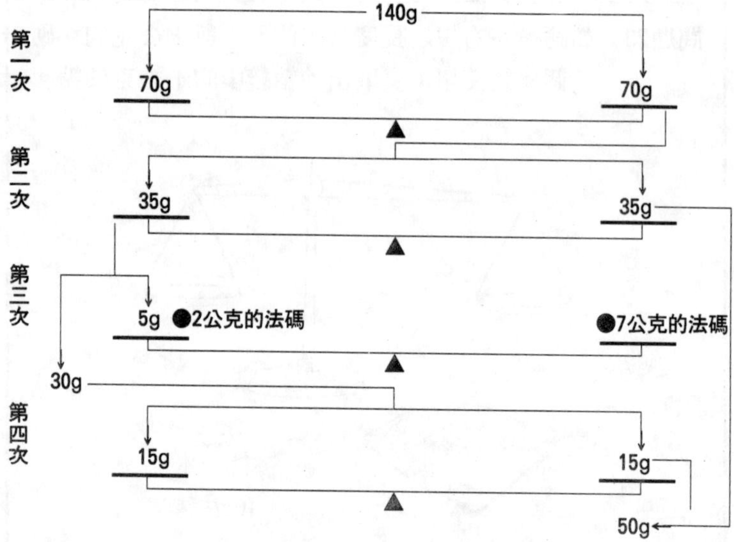

※剩餘的合計即140－50＝90g

> **例題**
>
> 正確但未劃刻度的天平，有七公克與二公克的法碼各乙個，請使用此天平四次，從一四〇公克的砂糖中分別取出九〇公克與五〇公克。

解答之一例，如上圖。

由IC構想所誕生之南極越冬隊的輸油管

將機能轉換的構想活用於現實的難題，而獲得成功之實例。即已成為傳說的第一次南極越冬隊西堀榮三郎隊長的故事。

越冬隊，想從輸送船把汽油送至基地。由於第一次的越冬，而發現輸油管的長度不足，且無備用之管。

隊員因無備用管可用而困擾，正當束手無策時，西堀隊長出現，提出奇妙的構想。

「使用冰做管子。」

這裡是南極，水一接觸外氣立即凍結成冰。首先使水結冰成管狀，並避免中途折斷，而在管內加入蕊，這即是西堀隊長的「靈感」解決方策。

「有無醫療用繃帶？把繃帶纏在鐵管上捲成螺旋狀，待水凍結成冰之後，把鐵管抽出即可做成冰管，如此連結要多長就有多長。」

西堀隊長，首先以冰作為輸油管的代替案（第一次ＩＣ），其次，將受傷時綁傷口的繃帶之本來機能，轉換為不同的用途（第二次ＩＣ）。

問題24

請思考二人矇著眼睛的猜拳方法。

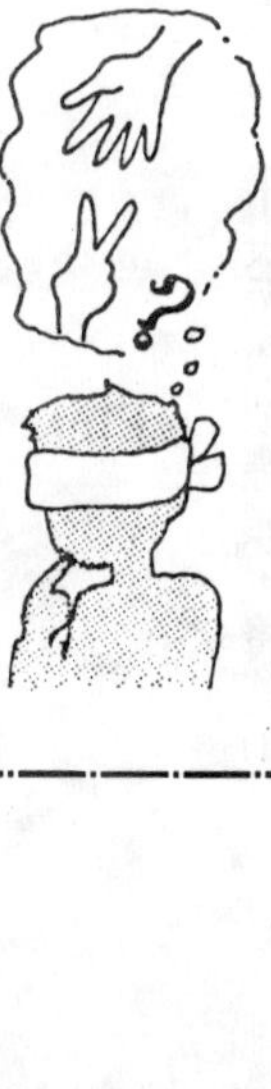

一般猜拳，都以眼睛注視手形而決定勝負。所以，該問題在本質上，意味將知覺屬性的架構ＩＣ化〈置換〉。

以觸覺代替亦可猜謎

依取代視覺之知覺屬性，列舉二、三種構想。首先是聽覺。「同時用口說出」「以表示石頭、剪刀、布之音樂決定（例如『蝴蝶』表示石頭、『鴿子』表示剪刀、『大象』表示布等），隨著歌同時出手。」

以嗅覺代替，「用三種香水其中之一灑在對方之手」的手法。

至於味覺之方法，例如「石頭表示牛奶糖、剪刀表示巧克力、布表示鳳梨罐頭，將其中之一放入對方口中」等方法。

但，不論如何最具可行性的為利用觸覺。

「互相摸對方伸出的手」「石頭摸頭、前刀摸肩、布摸胸，等決定觸摸身體之訊號」或「給對方三種麻將牌之一摸牌（只經由觸摸而判斷是何牌）」、「用點字卡猜拳」等，如此構造之ＩＣ可思考出無數類型。

若相信第六感，則可以透視術、超能力（傳心術）判斷。其他，若能忽視可行性，則會逐漸浮現各種特殊構想。將那些構想列舉如下：

●坦誠自我申告（缺乏勝負的緊迫感）。

●依氣氛判斷（？）

●不計勝負（「參加就有意義」？）

●只矇住單眼猜拳（！）

架構ＩＣ之轉換，以傳統的思考術而言，是最接近屬性列表法。這方法，本來是用於商品的改良或開發而獲得之啟示，將欲改良之物品的屬性列表，對每一種屬性檢討「能否改變」的方法。

我曾在『頭腦轉換法』與『企劃力』中，以電話器之改良為主題，介紹此種屬性列表法，有興趣者請參考。

火災警報器的開發過程

在ＩＣ〈置換〉與架構的關係中，不容忽視的為使用ＩＣ架構，而嘗試與構造本身置換，有時亦成為創造有效構想的動機。

典型之例是依輸出、輸入法，開發火災警報器之例。

本來輸出、輸入法，是奇異電器公司所研究開發之思考術，是將問題的因果關係圖示化，而在檢討中所產生之構想。

以火災警報器之開發為主題，圖示化其因果關係如下：

●輸入——火災發生

●輸出──火災警報聲

●條件──火災警報，要在數秒中到達二km。費用為二十萬圓以下。不分晝夜整日操作，無故障、維護簡單。

若將輸入到輸出以推論PUP〈累積〉。

⑴火災會產生多量的熱、光、煙、氣。

⑵這些熱、光、煙、氣會刺激人類的知覺，故能產生火災警報的作用（但建築物已經燃燒）。

⑶產生熱會引起液體與氣體的膨脹，金屬的溶解與化學變化等。光、煙、氣也會引起化學（物理）性變化。

⑷將溶解溫度低的金屬置於適當場所，在火災發生的初期電話回路中斷，或打開防火栓的栓塞。此外，也能使用液體的膨脹作為溫度傳感器……等。

如此般，將知覺屬性的架構轉變為物理化學性屬性的架構之IC，可產生無數可行性的構想。

廁所不要按二次水之方法

這是能源危機之例，股票部分上市的某公司，作為節省能源對策的一環，為削減女用廁所之自來水費，令員工提出構想。請以ＩＣ思考下列問題25。

問題25

一般而言，女性使用廁所時有按二次水之習慣。限制為一次應如何較好？

對此問題，我所執教的大學學生回答如下：

◎傳統性ＩＣ（置換）

●裝置水流的錄音卡帶，或播流水ＢＧＭ。

●改造為有防音效果的廁所。

●在便器中，設可吸音如海綿般之物質。

◎有可行性的ＩＣ

●停用手動之水栓，如男性排尿器般，於固定時間放置自動流水的結構。

●按一次流水須經五分鐘方可再按的結構。

●廁所門的入口相互錯開（不知使用者是誰，故不介意）。

◎缺乏可行性的ＩＣ

●大聲唱歌、敲門、或咳嗽，以掩飾排泄聲音。

●不讓女性員工飲用茶水。

●改變常識──排泄聲音大才是「女性應有之禮節」。

◎其他

●改成挑糞式不須要沖水。

●利用耳栓隨身聽（主要在於自我意識的問題）。

●按一下至再次操作前繼續流水的結構（至少次數減少一次）。

至於該公司的社長對擬訂此企劃的高級幹部，說明所收集的構想未付諸實行原由如下：

「與男性站立排尿而感覺爽快感般，女性也能稍微感受水中的水花解放感。由於如此而消解壓抑、增強勞動意願，自來水費等不是嚴重問題。」

只改變麵包購買廠商，即使營業額成長

這是堤清二先生「促銷麵包」的名構想。某日，堤先生令麵包滯銷的一家店舖改變購買廠商。

從A製麵包廠轉變為B食品商，結果營業額大增。因此，西友商店的幹部們擬將由A製麵包廠購入麵包的一切店舖，都改向B食品店購買，結果激怒了堤先生。

「諸位太不熟悉生意之道，不妨嘗試由B食品廠購入之物，改由A製麵包廠！」

結果，與前述的店鋪相同，營業額遽增。亦即問題的本質並非品牌之不同，而是顧客對於長期化商品厭膩之故。

這即是典型的ＩＣ〈置換〉，最單純又使人甦醒的速效性效果之例。ＩＣ法並非為思考困難的代替案，如此簡單之ＩＣ，比大時代之ＩＣ更有效用之例不少。

最重要是刻意應用〈置換〉的技巧。相信人人都能在自己的工作崗位上思考未曾想過的創造性構想。

構想技巧⑫　ＥＸＰ擴大法

米老鼠誕生的秘密

這是華德・迪斯奈在失業中所發生的故事。白天尋找工作，夜晚研究設計製作，此時他唯一的慰藉是每晚由破裂地板出沒的小白老鼠。

尖尖的鼻子、狡黠的眼睛。在街坊間，老鼠成為討厭者的代名詞，但仔細觀察，迪斯奈發現其極富幽默，彷彿飛進漫畫的世界中，愉快而活躍地存在著。

老鼠們夜晚的拜訪，帶給迪斯奈創造米老鼠的靈感。迪斯奈經由觀察老鼠，而創造出眼睛、耳朵、鼻子極端擴大的漫畫角色。結果，使他贏得巨大財富與世界性的聲名。

依此故事，擴大某些要素之構想法，有時又稱為迪斯奈法。迪斯奈法（或擴大法）之後不僅在創造漫畫角色領域中適用，在其他領域中也被使用。

與「構想技巧」相關的迪斯奈法，可稱為〈擴大〉技巧的一部分。〈擴大〉技巧，是我取自 expand 的前三字，簡稱為ＥＸＰ法。

其中涵蓋迪斯奈法、擴大 enlarge 手法、與擴展 spread out 手法。

在企業界中，EXP是最頻繁使用的手法之一。同時由迪斯奈的故事中，即可了解此手法本質上須要注意力與觀察力。

具有問題意識之觀察眼，才能由日常雜多的體驗中選擇EXP的「種子」。

看見春季罷工的海報「按一下，就顯現答案」

曾經流行一時的商業廣告文案CM「按一下，就顯現答案」。這是撰文作詞家伊藤・明先生所作。被委託製作超迷你型電算機Casio之廣告文案的伊藤先生——長期間因想不出滿意的構想而困惱。

但，某日因思考疲乏，由事務所窗口眺望窗外，看見對面公司的正門張貼春季罷工的海報，「回答一發，粉碎！」

這非特殊的文字，但在伊藤的腦海中，「一發」這句話深深觸動他的靈感。

「一發」之音，縈繞他的腦海，不知不覺脫口而出「「答案一發，卡西歐！（Casio）」

另外，某位職員受命提出驅除蟑螂的新產品構想。中元節他攜妻子返回九州的鄉間，仍未浮現構想。

然而，當他在鄉間道路漫步，並進入某家雜貨店購買香煙時，看見店內懸掛以前常用之捕蠅紙。抬頭一看，蒼蠅因腳及翅膀被黏住而正在掙扎。

看見這種情形的他，心想「既然能黏住蒼蠅，蟑螂也會被黏住」。這構思促使了誘引蟑螂型的驅除商品的誕生。

以鋁製品製造而聞名的日本輕金屬廠商，出售暢銷的冰淇淋製造機，也是因一些偶發事故而EXP（擴大）開發、商品化。

其故事發生於製品事業部製品部課長的上坂且先生之自宅中。因長男理君打翻廚房的牛奶而引起。

因這牛奶流入日本輕金屬製的蓄冷體快速冷凍機（hill fast）後，迅即結凍。在客廳無意中聽到太太說「你做成牛奶冰」之語的上坂先生，突然想到自己公司產品的活用法。

不擴散思考即無法產生創造性構想

這些實例的共同特徵是，EXP可使觀察力活性化之事實。被活性化之觀察力，能將廣告文案的海報文字直接SLIDE（轉移），或將蒼蠅IC（置換）為蟑螂、或將冷卻用材料與冰淇淋CON（連結），促進各種「構想技巧」的活性化。

亦即，EXP（擴大）法，可提高各種技巧的激勵狀態，作為創造思考的基盤。

在心理學上也可說明這理由。衆所皆知，人類的思考分為收束型（集中型）與擴散型，創造性思考屬於擴散型之典型例。以〈擴大〉思考為目的的ＥＸＰ，也可稱為擴散型思考。

ＥＸＰ的代表性手法，稱為類推或連想之一連串思考操作。巧妙活用這些操作的傳統思考術，稱為焦點法（ＦＯＴ，Focused Object Technique）。

問題26

觀察燈泡，使用ＥＸＰ手法，思考新椅子的構想。

本問題，是將懷汀著名的測驗加以擴張。依據燈泡之連想或類推，而思考各式各樣的新椅子之構想。

在此介紹，依據懷汀所舉之例，而我加以ＥＸＰ的幾個構想。

首先，列舉燈泡構想的特徵，浮現玻璃、球形、電氣、光、熱……等一切想法。將這些要素擴大為新椅子的構想，即得玻璃製椅子、球形椅子、電氣椅子（當然這是不受歡迎之物）、光椅子、溫暖的椅子……等構想出現。

但球形椅子意思不明確。因此再度將「球形」這句話加以ＥＸＰ，如下頁所示ＥＸＰ的思考流程。

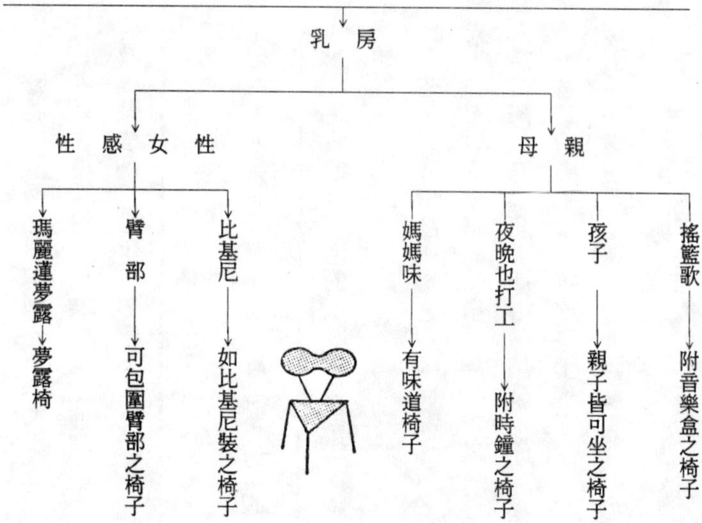

小學生利用舊報紙作為重量計測之工具

ＥＸＰ（擴大）是完全不受收束型思考所拘束，可無限擴散創造性思考。此即意味著，基爾伏特所開發之創造性測驗是為學習ＥＸＰ之有效訓練法。

〈基爾伏特式創造性測驗〉

一、舊報紙除作為交換衛生紙以外，尚有何用途？五分鐘之內請寫出各種構想。

二、你須要何種型態的床？請於五分鐘內儘量寫出各種構想。

三、假定所有的人類不吃任何食物而能生存，會引起何結果，請在五分鐘之內寫出所想到之例。

●擴大（球形）產生構想

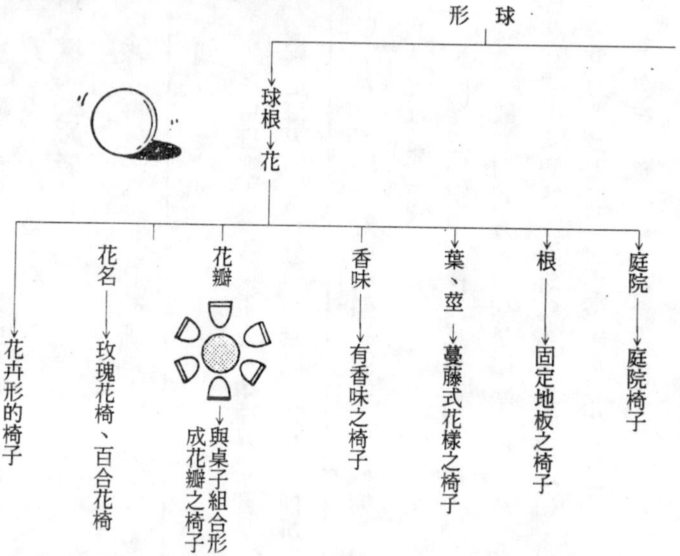

一、舊報紙問題，大學生之答為「敷在榻榻米下」「塞在潮濕的鞋內」「作為衣服的紙型」「炸甜不辣用」「摺紙飛機」「撕碎作成雪花飛散」「燃燒取暖」「鋪在地上代替坐墊用」「作為書法練習用紙」「泡水後撒在地上，以防灰塵揚起」「包蘿蔔」「代替內衣」等回答。

接著以同樣問題請小學生作答。

結果，得到「將字剪下作威脅函」「以大小字作成視力表」「一分鐘撕破幾張作體力檢查」「作為山羊飼料」「計測重量用」等意想天開之構想。

有關最後之「計測重量用」構想，尚須進一步說明。

提出此構想的小學生，表示持舊報紙的四角，在其上面放置物品，測量使一張破裂之重量、二張破裂之重量、三張破裂之重量……十張破裂之重量般，依據舊報紙的張數，可了解不同的重量！孩子自由奔放的構想，不禁令人讚佩！

儘量擴大思考

接著我再做一個EXP的訓練。

問題27

①假定每日喪失一秒鐘重力，須何種新產品？

②假定每天喪失五分鐘的空氣，須要何種新產品？

以下列舉大學生對此問題的回答。這些構想中，具有創意的不少。你會思考何種構想呢？

首先是①之問題。

・避免浮遊於空中，傢俱及人皆須固定。

這是多數人的回答，但卻是錯誤之解。依牛頓力學慣性法則，沒有刻意向上拋，傢俱決不會浮在空中。回答「降落傘」也是同樣理由，可謂EXP擴大方向錯誤。

・重力場發生裝置、小型黑洞發生裝置。

・太空衣、游泳衣、安全帽（？）

・預知重力消失時間之時鐘（的確，問題文並無表示何時、何分、何秒消失重力，故答得妙）。

・避免頭髮揚起的燙髮液、裙子不會掀起的墜子（也很有創意）。

其次是②的問題。

・迷你型氧氣瓶，有空氣的房間、吸食強力膠式之裝空氣的塑膠袋。

・空氣果汁、空氣口香糖、空氣藥片。

・街上各角設有氧氣泉、電話亭式的氧氣亭。

・五分鐘陷入假死狀態的藥物。

・增加肺活量的鍛鍊機器。

・使噴射機「浮遊空中五分鐘」（由於喪失空氣，故噴射器推進無效）之推進器。

・五分鐘成為水棲人之水鰓。

循環式腦力激盪法正是ＥＸＰ的極限

提波諾的無作為刺激法與思考術，也是有效之ＥＸＰ的鍛鍊工具。

這種思考術是思考當前之問題，並隨意選擇一個單句（閉目翻開辭典等，選擇方法很多），而後將兩者結合之方式，近似焦點法。

為保證無條件的EXP（擴大），任意選擇單句結合，這點與焦點法不同。

提波諾舉例如下：

•使用所謂「青蛙」之無意識性單句，擴大醫療領域的構想。

•由「網球拍」這單句，EXP至廚房的設計。

•從「政策」這單句EXP至洗髮精。

•從「火山」之單句，EXP至相機之設計。

此外，由奧滋本所開發，目前為企業界普遍採用之腦力激盪法，也是以EXP（擴大）為目的。

衆所皆知，腦力激盪法通常採取五～十人的自由討論形態，但須嚴守如下四種法則。

⑴提出之構想，不做好、惡的評價。

⑵構想愈自由奔放愈好。

⑶必須努力提出構想。

⑷不僅提出自己的構想，也要改良他人之構想，或將複數的構想與CON（連結）。

京都陶器公司的稻盛和夫社長所主辦的「循環式腦力激盪法」，也是採用EXP之極限形態。然而，當EXP之力量超越人類的思考時，其創造性思考才如朝陽般射入，這即是稻盛社長之信念。

從單純的直線上類推，至徹底的循環式腦力激盪法，ＥＸＰ（擴大）技巧，其本身即擁有無限的〈擴大〉力。

構想技巧⑬　DET

繞道法

先在美國流行後再進口

東京嫘縈公司所開發的首次問世之仿麋皮絨面革式人工皮革艾克森，抹煞傳統的「漆皮鞋」「漆皮手提包」等二流品形象，而開拓新市場之無限可行性。

以高級服飾材料及新人工皮革之形象在國內落實，功績斐然。

但，日本所誇耀的這項新發明，其出售之初舞台並非在日本，而是在歐、美。

本來以穿蓑衣戴斗笠、綁腿為出發點之日本人的「農耕民族」，無法分辨革製品的真正價值。

唯有數千年來與革製品朝暮生活的「狩獵民族」才能辨別其價值，故將市場設在歐美。

如此之想法不足為奇，一提及皮革商品都屬意大利與法國之形象，至於在日本暢銷品牌之大半，也是將「正宗」製品SLIDE（轉移）至國內。

雖然人工皮革不受歡迎，但假定在皮革「發源地」被認定，不久後日本也將隨之暢銷。

問題28　運動會的家長競技「抬砂包比賽」，由A地點出發，抬①—⑫中之一的砂袋，到達終點B地點的競技。請問拿哪一袋最有利？

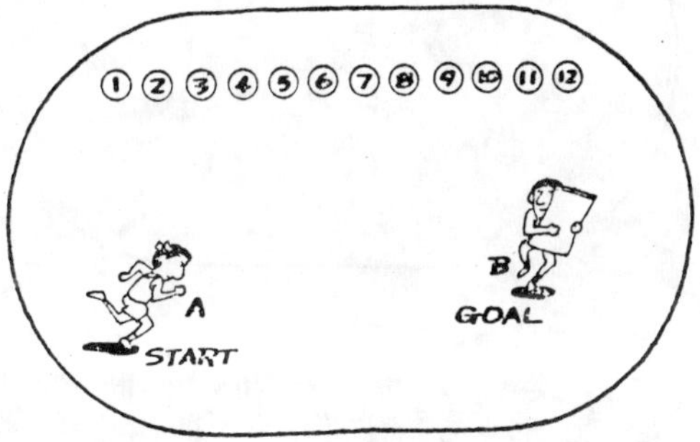

艾克森依據此一概念，將最初推銷之市場訴求於歐美，在外國穩固後再回銷日本市場，其市場戰略稱為「飛鏢 boomerang 戰略」方法。

之後，其他業界所採之飛鏢戰略也相當成功，但其背景，具有〈繞道〉才逆向達成目的之「捷徑」，深度洞察與巧妙掌握人類心理之一面。

〈繞道〉思考技法，我稱之為DET，是取 detour 的最初三個字母之簡稱，為理解DET的思考方法，如艾克森之實例般，首先在空間性的場面設定問題，實際嘗試DET，確認其有效性，如此最為快速。

以DET（繞道）思考問題28。

●考慮砂袋的重量，答案是⑩

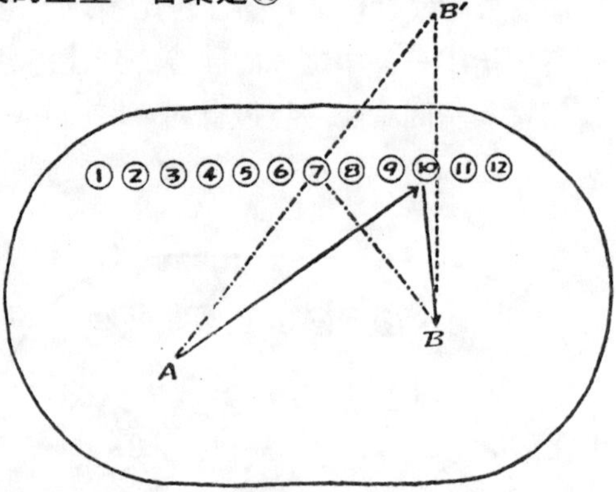

有時〈繞道〉才能成為捷徑

選擇⑦的人若沒有耐力背負重砂袋跑到終點，絕對無法獲得第一名而令孩子高興。未考慮砂袋之重者，認為此問題只是幾何學上單純的最短路線問題而已。

既然如此，依上圖取B′點，從A→⑦→B的路線最有利，即一目了然。

但砂袋極重，雖受「加油！加油！」之激勵，亦絕不能懷抱在脇下，輕易走完全程。

考慮此點，自然就了解這場競技，最有利之方法是，選擇砂袋後行走距離最短的為最優先。

能達此目的者非⑩即⑪。從出發點到砂袋之距離，當然是⑩最近，故正解為⑩。

配合問題狀況，有時如此類競技般，刻意〈繞道〉才能獲得「捷徑」之例不少。而且，這「遠」「近」不僅意味著空間性，思考的水平也是相同狀態。接著請思考另一問題。

問題29

超過七十公斤負荷，一座古老的吊橋就會垮。正好有位著運動服、赤足的男子欲通過。男子的體重是六八公斤，雙手各拿一公斤的金球。這位男子不能直接渡橋，但該男子急著趕路，無暇往返數次渡橋，請提供男子一次渡橋的構想。

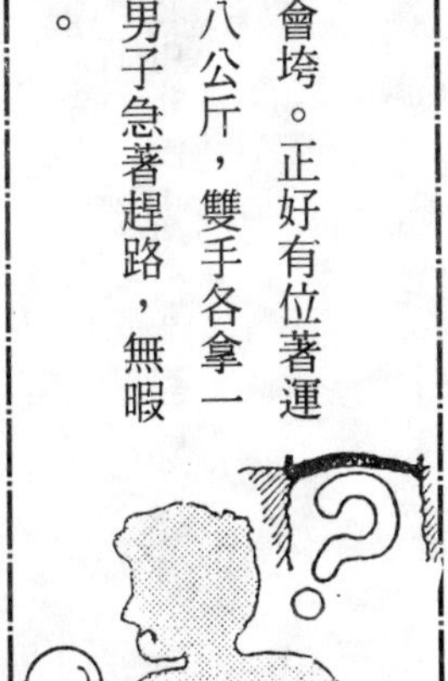

將金球往上拋

這問題很困難，只要將一個金球捨棄即無困難。但將一公斤的金塊拋棄的人，若非大富翁就是看破俗世之人。

或將一個金球投向彼岸？如果河流十分廣大，金塊可能掉落河中。或可將一個金球滾向彼岸？但若不幸中途停止，手邊的另一個金球得被迫放棄，否則不能渡橋。

僅僅超過八〇〇公克，或可脫去衣服？只穿一件運動衫的男子，身上已無可脫之物，故此構想亦無意義。

怎麼辦才好呢？既已習得DET（繞道）者，將眼前的問題暫擱一旁成懸案，而以〈繞道∨方式思考。

例如：以一公斤的金球之用途加以ＥＸＰ。太平凡之構想不予採用，只列舉有特殊性之構想——

・作為醃菜桶蓋的壓石。

・作為書鎮。

・作為平衡玩偶。

・代替玻璃珠。

・作成砂包把玩。

注意最後的「砂包」，其空間性原理為「其中有一個必然被拋在空中」。亦即，手上的負荷經常持有一個分。使用這個構想！

∧正解之一∨「將二個金球視為砂包遊戲方式渡橋之構想」。

從不同的觀點至ＤＥＴ，尚有幾種特殊構想之可能性，但這些都留作讀者的作業。

刻意性∧嬉遊∨∧繞道∨之戈登技巧

屬於腦力激盪法變化型的「戈登技巧」，也是ＤＥＴ構想之手法。

這是由美國著名的創造學家戈登所指導之『發明設計集團』所開發的技巧，屬於由專家領導，而未告知成員開會目的的具體性問題，只給與不同主題而請提出構想。

戈登本身最著名之例是解決眼前『割草機新產品』的具體性問題，只給與開會成員稱為「分離」的抽象主題，而自由開放討論。

領導者從成員的自由發言中，選擇與問題核心有關者，加以整理。

戈登技巧的重點是，刻意選擇〈繞道〉的主題，排除既有的思考領域，自由ＥＸＰ構想之方法。

並非日本的企業易陷入「精神性企劃會議」，而是在享受遊樂中產生創造性思考構想，其精神在於〈嬉遊〉。

為了成功引進戈登技巧，在三小時左右的會議中，因幽默、滑稽的發言而使笑聲不絕於耳的狀態最好有一小時以上，或採椅子數比會議成員數少，使其中一人必須經常站立的狀態最佳，由此可知，其根本不失〈嬉遊〉精神。

許洛斯堡的「圓環尺」

〈繞道〉「捷徑」現象的最佳代表，為連結直線兩端作成圓環之想法。

據說，尼采對「時間是直線性」的近代科學時間概念產生存疑，推翻其大前提而思考時間是圓環狀，才建立「永劫回歸」的思考。

在我個人所專長的心理學領域，如此般之圓環性DET構想，意外造成心理學法則的例子不少。

其典型之例為，分析人類表情的許洛斯堡「圓環尺」之構想。

人類的感情呈現各種表情顯露於外。

心理學家伍德瓦斯，發現這些表情分為①愛、快樂、幸福，②驚訝，③恐懼、痛苦，④決意、憤怒，⑤嫌惡，⑥輕蔑，以及⑦不定等七種類型。經過各種實驗結果，①～⑥的表情，能以「直線尺」表達出。

亦即，被實驗者對鄰近的二種表情，如⑤之嫌惡與⑥之輕蔑，有時會判斷錯誤，但⑤的嫌惡與②的驚訝，在「直線尺」上分隔的二種表情型態，發現不會有判斷錯誤情形。

但繼承伍德瓦斯之後的心理學家許洛斯堡，實施同樣的實驗，獲得一個意外結果。

「直線尺」上①的愛、快樂、幸福之表情，與⑥輕蔑的表情，被分隔在最二端，故被實驗者絕對不可能判斷錯誤。許洛斯堡反覆數次實驗，結果均相同。

面臨意外事實而困擾的許洛斯堡，某晚夜歸回家，無意中想到「今天離家出門是八點，回家也許是十點」，而突然靈機一現。

「出門與回家雖是相反的行為，但結局、目的地卻相同！」他依此靈感，將位於①與⑥「直線尺」兩端的表情結合，在圓環尺上形成毗鄰之表情而誕生了許洛斯堡的「圓環尺」。

•伍德瓦斯表情的直線尺

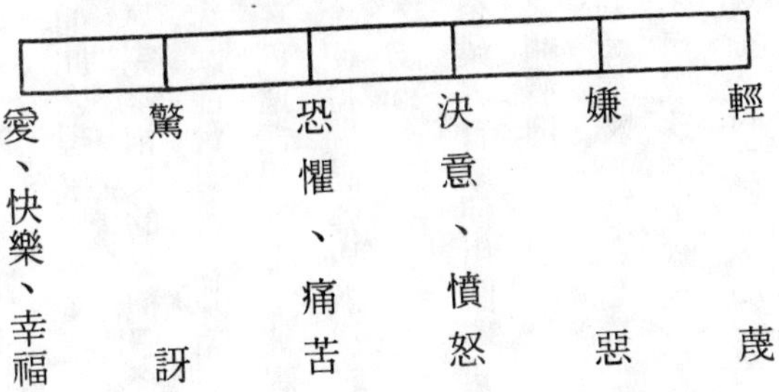

•許洛斯堡表情的圓環尺

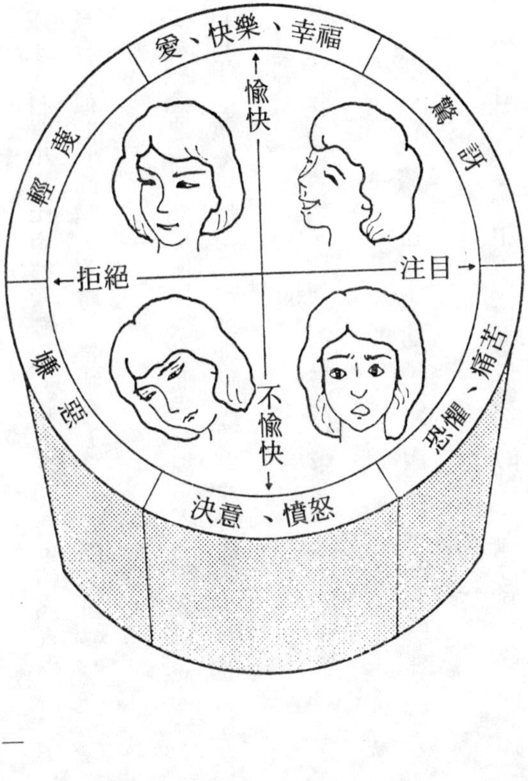

使用「DET」構想技巧而成功的美津濃棒球手套

如此之現象，不僅在哲學與心理學上、日常生活中也經常發生。將思考的對象視為直線，乍見完全相反的二種概念，事實上具有相似的共同點，若將二者結合，自然會形成圓環，相信大家都曾有過此經驗。

在創造性思考上，被眼前問題的二種概念之對立關係所拘束，而未發現二者之圓環的近似性，使得問題難以解決之例不少。DET（繞道）技巧是自動排除人類思考的盲點，擴大構想之技巧。

企業界有效使用圓環式DET（繞道）技巧之實例，即運動器材總合廠商，美津濃棒球手套之開發例。

日本職棒選手都曾經使用美製手套。美津濃為擴大自製手套的銷路，因此將攻略職棒選手為不可或缺之步驟。

故須ADD（添加）美製手套的要素。在這些要素中，使用者最期盼的是，適合個人習慣與愛好之手套最好能採訂做方式。亦即「手製」手套之願望。

受限於手製，故無法大量生產。因此，手製之概念，乍見似乎與擴大銷路的第一條件（大量生產）完全相反。

但，美津濃刻意選擇＜繞道＞手法，對相當於當時職棒選手六〇％，約三五八名的球員特別接受「手製手套」之訂購。

結果獲得意外之事實！雖然配合個別選手之習慣與愛好而製造，但也只是幾種模式而已。倘能將這些模式整理完備，就能採納使用者之希望且大量生產。

如此一來，美津濃成功的以圓環式結合了「手製」精神與大量生產體制此二種完全相反要素，達成在國內擴大職棒手套銷路的戰略。

可謂「欲速則不達」之DET構想的奏功實例。

構想技巧⑭ PLAY

嬉遊法

導致雷根壓倒性勝利之〈嬉遊〉

一九八四年美國總統大選，部分輿論評斷雷根與孟岱爾旗鼓相當，結果雷根獲得最後勝利。可謂雷根棋高一籌。

我在選戰中，觀看部分電視上公開辯論會，即預想雷根會獲勝。

電視辯論會中，主持者以諷刺的口氣向歷代總統中年紀最年長的雷根說：「總統的職責非常重且忙碌，你對就任總統之年齡問題有何想法。」

到此年齡的人，對不禮貌的主持者不是憤怒，即自我辯護一番「我還可充分勝任」。但不論如何，對視聽者而言，如此說法仍令人覺得難為情，確實有損形象。

但，不愧是好萊塢出身的總統，他並非平凡的老人。他即席回答：

「經驗少的人執行總統職務，的確很困難。但我不打算在此爲了年齡問題而爭議。」

以爽朗、幽默回答諷刺性質問之雷根構想的原點，可能是〈嬉遊〉的精神。如此般，享受一切美好事物的姿態，易獲得創造性思考。

曾經在NHK電視台收視率極高的『那就是我』的猜謎節目中，我以解答者身分應邀演出。各位可能都已曉得，有三位具有某種經歷或特技的人物，全都穿著斗篷出現，要猜的對象卻僅有一位。其他二人為假冒者。解答者可提出數次的問題，而猜出真正的主角。

本人不能說謊，但假冒者可說謊。因此假定詢問「你是真正的主角嗎？」

三人都回答「是」。

我演出時的問題是「我是日本稀有專業女性撞球高手。」

坦白說，我對撞球並不清楚。因此對三人提出如下質問「一提及女性撞球高手，人人都會連想起依田操女士，請問她活躍之時期為戰前或戰後？」

對此質問，二人回答「戰前」，另外一位答「不知道」。因此，我判斷回答不知道的人物才是真正的主角，果然不出所料，我的答案是正確解答。

何謂「依田操」？

實際上，這是錯誤前提暗示問題的陷阱。稱為「依田操」的女性職業撞球高手，並非現實存在人物。但我卻以膾炙人口般人物口氣質問。

請各位仔細思考「依田操」（ヨダソウ），倒過來讀「說謊」（ウソだよ）之意。這即

問題30　有位少年從六十層的「陽光大廈」頂樓投身自殺。但他卻毫髮無傷的落地，請思考其理由（不須太認真思考）。

是我所採用的心理陷阱。

＜嬉遊＞構想技巧，能賦與心理性附加價值。如現在企業所流行的TQC（全公司性品質管理）般，排除所謂「浮濫、雜亂、浪費」的三M姿態也很重要，如果都以合理化方式思考，就無法產生意外的創造性思考。有時必須有＜嬉遊＞的態度。請嘗試問題30。

「下面張著網」「裝有降落傘」「屋頂下方層樓的人，從窗戶探身接住」等，提出各種回答。

也許各位之中，有人會聯想到現在成為深刻社會問題之青少年的心理問題。

同樣思考青少年問題，假定尊重＜嬉遊＞的精神，能思考出意想不到的回答。

「他是非行（意指不良）（飛行）少年！」

當然，這不過是一則笑話罷了！但如此以「飛機」為例，依據焦點法EXP（擴大）青少年問題之構想，可以此問題為契機而思考。

車子也需〈嬉遊〉才能啟動

車子的方向盤與剎車器也需有〈嬉遊〉，由於有嬉遊，駕駛者才能安心運轉。此外，號稱一流大飯店的建築物，可說太浪費〈嬉遊〉的多餘空間。如此多餘的空間，與人感覺鬆懈，這都是考慮人體工學的觀點而設計。

在思考上，也是完全相同的情況。經常集中思考所需最小限度之問題，卻無法得到好的靈感。

以本來之目的而言，好像完全無意義之多餘事情，若能加以注意，心理上即能產生從容不迫的態度、頭腦也將更為清晰。

『老子』所說「無用之用」，可說是〈嬉遊〉技巧之本質。

〈嬉遊〉的「構想技巧」是在play的狀態，故此技巧亦稱為PLAY。

我在出席某國際會議時，因討論某問題者約有十人，為移動會場而搭乘電梯。

然而，這是屬於小型電梯，只限八人搭乘，又有高個兒的歐美人士，其重量已超出負荷，故警鈴聲不絕於耳，此時，必須有人退出，但退出者表示被排除於圈外！

當時氣氛尷尬，其中有位幽默的美國心理學家說：「請各位各舉一腳！」一句話就此化解了尷尬的氣氛，決果以後再繼續討論，問題自然迎刃而解。

問題31　池塘上有座橋樑，請以PLAY技巧，思考如何以空手捕獲池塘的鯉魚。

解答之一，「從橋上如瀑布般的倒水，鯉魚就會逆流而爬上橋（鯉躍龍門）。」

從嬉遊中誕生〈隨身聽〉

不僅是年輕人，連中、高年齡層及主婦階層，都引起爆發性的隨身聽大熱潮，商品化之動機源自〈嬉遊〉，這是SONY負責經理直接告訴我之事。

SONY始終是追求小型化收錄音機，於一九七七年春天，發售重四〇〇g的手掌型卡式錄音機——記者牌pressman。這是具備錄音與放音功能，並附加擴音機的普通收錄音機。但，有天名譽會長井深大先生至收音機事業部時，一位年輕的職員正使用記者牌改造的標準型錄音機遊玩。

說他「遊玩」可能太誇張，但他並無商品化意圖，只是以自己的喜好隨意改造，故以一般的構想，可解釋為以研究對象作為嬉遊之道具。

但擅長構想的井深先生目光銳利。一詢問，其改造的記者牌錄音機並無揚聲器，連發音機能也摒除在外。以立體聲之基板代替，再生磁頭也改為立體聲，使用耳機直接聆聽立體音樂。

這位年輕職員說明：「採用這方式，不論何時何地皆可聽立體音樂，故很便利。」

「也可邊走邊聽？」井深先生問。

「嗯，這只不過是原型而已，再稍費工夫即可完成。」

結果，SONY的隨身聽就此誕生。其構想之契機，源於年輕人的嬉遊心，及對嬉遊無批判性，矚目於本質上附加價值的經營者之創造性構想。

思考問題時，停止一切批判，使思考自由奔放才是PLAY的重要手法之一。隨身聽的創造過程，啟示了我們：若利用此手法，則可得異想天開的創造性構想。接著請各位思考下列的習題，再進行最後的步驟。

・**習題**

1.「下列之圖表示什麼？」

平凡之答

1.斑紋

2.黑雲

ＰＬＡＹ技巧之答

1.吸住磁鐵的鐵屑

2.天黑風吹來，故在未降雨前急忙回家之孩子與母親

平凡之答

1.非洲之一種族的舞蹈

2.仙人掌

ＰＬＡＹ技巧之答

1.烏雲密佈下逃往遠方山丘、頭戴斗笠的墨西哥人

2.禪僧之書法

2.「無窗飯店的一室停電。在一片漆黑中，思考打電話給朋友之方法」。假定，並未記憶飯店服務台之號碼。

3.「有一位部屬每天都遲到，由於太能幹而不予以開除。但如何矯正他遲到之習慣。」

簡單解說1的問題。這稱為墨跡測驗，為創造性測驗之一，是羅沙哈測驗之變形，由巴隆所創立。請參照一五八頁之「平凡之答」與「ＰＬＡＹ技巧之答」的例示。

構想技巧⑮ RTB

回歸根本

思考陷入走投無路時就要回歸根源

平常我們的思考都依一種思考方式，獲得對「事物看法」的概念，然後直線性的邁向另一思考階段。

倘若方向錯誤，就好像進入迷宮，對解決問題毫無進展。此時，〈回歸根本〉技巧就成為有效手段。

這種技巧我稱為RTB，即 Return to Basics 之簡稱。

RTB有二種模式。其一是由既成之事實中發現本來之意味，或由新層面發現之模式。老練的刑事幹員，因面臨困難的兇殺案而陷入瓶頸時，會回到最初的現場重新搜查，或「重新調查」被害者的身分。

RTB的第一模式，亦可謂〈回歸〉問題現場重新思考，因此與精明的刑事幹員之搜查方法相同。

問題32（RTB的第一模式）

獨身A君的公寓中，其電器製品除冰箱外，尚有音響、電鍋、洗衣機。某夜，遲歸的A君，究竟要先按何種家電開關？

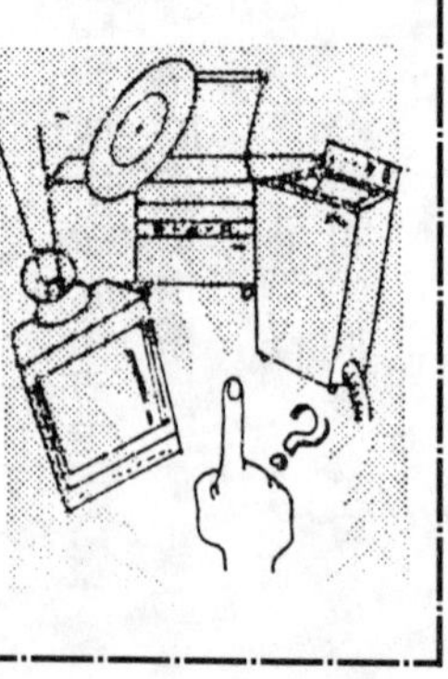

正解　「電燈之開關」（注意問題文提示「某夜、遲歸」）。

RTB的另一種模式，即在各種思考中，陷入思考的迷宮無法擺脫而走投無路時，將過去的思考還原為白紙，再回歸問題的根本模式。

以推理小說而言，主角的偵探，或更極端之場合，作者本身即為真凶之陷阱，即為需要這種思考模式的絕佳好例。

有關該模式的RTB，列舉典型的問題。

問題33（RTB的第二模式）

從A市駕車至B市，最初的一半為一般道路，其餘一半為高速道路。一般道路上平均時速為四〇公里的C君，為使全程維持平均速度為八〇公里，而考慮在高速道路上盡情奔馳。請問C君在高速道路上的平均時速須為幾公里，才能達成目的？

正解　「無論如何奔馳，皆無法達成目的！」

鈴木雅特車成功之構想原點

第一種模式的RTB，亦即回歸問題現場，重新檢討本來之意味與目的之手法，從某些角度看，此想法可謂極當然之思考方式。

但，採用此方法而使企業的營業額增加，或產生新產品的構想之例亦不勝枚舉。

例如：鈴木汽車的暢銷車，超低價的輕便汽車鈴木雅特。雅特車是一九七九年五月作為多用途的自用車，統一價格為四七萬圓，全國同步出售。標榜「廉價又實用的輕便四輪車」「代步車」的廣告文案廣受歡迎，將黃色車牌由過去「低所得階層之車」的負面形象，轉換為「活動派之車」「主婦車」「第二部車」等正面的形象，可能各位記憶猶新。

雅特之開發、商品化的構想，思考過程中之概念即RTB（回歸根本）。

輕便四輪之原點，是「廉價」。製造廉價車必然暢銷。但必須將當時一輛六〇萬圓之輕便四輪價格的常識，大幅降低。

經過RTB之結果，「廉價」要素加上FOCUS（縮小），為雅特成功之秘訣。

開發、商品化礦物麥茶的石垣食品，也是依RTB而成功之例。麥茶的美味原點即水之美味。因此，即思考如何可得美味之水。

在富士山取得之水最美味。其理由是地下水通過岩盤。所湧出之泉水為原點，因此美味之原點為岩盤。

依RTB思考的結果，於是產生了敲碎富士山的石頭，放置於茶包之構想。稱為「礦物石」之石，可排除自來水中的漂白劑味，使得用冷水沖泡茶包的『礦物麥茶』之味道更加可口。

自前年起，成為熱潮的「美味水」等自然水紙盒之構想，也是將「什麼水才是美味水」回歸根本，所產生之構想。

「大衆口味」之啤酒誕生了

這數年間，市售之啤酒界完全改變。所謂企劃型啤酒的熱潮，一舉開花，如同孩子不重視內容物，而以外觀選擇甜點般，生啤酒的容器，也「搖身」變成使大人感覺愉悅的狀態。

山多利行銷部負責人告訴我這些容器之構想，是以RTB「啤酒是什麼？」為動機。研究「啤酒是什麼？它是屬於哪一類的酒？」而想到「大夥喧嘩暢飲，熱鬧場面、開心喝酒之酒」為原點。由此概念而產生雷歐那特熊先生之「大衆口味……」的CF商業廣告文案，然後發展成今日企劃型啤酒熱潮。

反之，肯德基炸雞的店舖戰略，是RTB「為何銷路不好？」而縮小目標之成功例。自一九五五年代～一九六五年代，進軍日本國土的外資企業中，因直接採用美式商業手法而失敗之例不少。

肯德基炸雞也在一九七〇年開設之第一家名古屋店慘敗。但當時他們思考「為何炸雞在日本不暢銷」而回歸根本，進行市場分析。

結果發現，日本當時之狀況，外食產業的市場尚未成熟，在飲食生活面，速食食品尚未普及化。所得之結論為喜歡購買炸雞者，多半是成城學園與田園調布、鎌倉、及蘆屋一帶的人。

雖然考慮土地費與房租費昂貴，但設分店都要集中在該地之方針，故肯德基炸雞才得以穩固今日大躍進的地步。

表示個人看法特徵的心理實驗

為要說明RTB第二模式，我經常介紹某心理學之實驗。實驗方法簡單可行。

在漆黑的房間內靜置點亮的手電筒。但手電筒套上黑色的外罩，在罩上打開如針尖般之洞。形成光不會由這洞之外射出之架構。

接著在一片漆黑中，凝視從小洞所射出之光。凝視時，這小光彷彿在移動。為何會看見移動？理由是知覺上心理學之問題。一般我們看物體時，依據與其他物體之間隔、距離、方向等之相對性位置，而確認是否靜置或動態。

但如本實驗般，並無其他物體，亦即不存在支撐相對關係之知覺的「支撐點（ anchoring.point）」。

因此，自然覺得光點移動。此現象，專門用語稱為「自然運動」。

然後，選擇數人進行該實驗。事先不告知光是固定的，請他們說出光點移動的方向。個別聽取報告，得「向左斜二公分移動」「向右移十公分」或「以八公分範圍向左右移動」不同之報告。

接著聚集全體被實驗者，互相檢討測定結果之報告。當時報告「移動十公分」的人，感覺其移動範圍沒有那麼大，反之，認為「只移動二公分」的人，覺得「可能移動範圍更大」。

於是，將全體報告距離的平均值，例如以五公分作為標準化的結論。這在心理學上稱為 Group stander 集體標準。

得到這結論後，再度個別反覆進行同樣的實驗。

最初答十公分的人，與答二公分的人，都感覺移動五公分。形成集體標準後，全體的

問題34

①棒球賽中，完全不投球給打擊者，而能勝利之投手的方法？

②棒球賽，在一局中打擊者都登場而得九分之例？

「看法」也被固定於標準值。

前面介紹之心理學實驗，是為使各位了解將「事物看法」還原為白紙與RTB第二種模式是多麼困難，充分了解創造性思考之重要性。

本書是構想之圓環尺

第二種模式的RTB，是為「前面」所述以「推翻質疑之大前提」為目的的主要技巧。因此，前述一五之「構想技巧」，好像回歸許洛斯堡的「圓環尺」原點。本書內容即為描述圓環之連鎖狀態。

依RTB限定問題，則問題34就可輕易解決。若一開始即思考其可行性就可達成。

正解1　第九局，上半場二人出局，一、三壘有人。自己球隊被救援投手投出牽制球，使跑者出局，結束上半場。下半場，球隊反敗為勝，擊出再見安打，其救援投手沒有登錄一球就成為勝利投手。

正解2 如果在第九局下半場反敗為勝，這事例也會發生。

捨棄先入為主之觀念很困難，由日常上如下之會話可證實。

Q：俊彥君擁有自行車。真彥君也有自行車。聖子也有自行車。請問全部自行車共有幾台？

A：三台！

Q：俊彥君有叔父、真彥也有叔父、聖子也有叔父。請問叔父共有幾位？

A：三人？！

Q：俊彥君上小學、真彥君也上小學、聖子也入小學。請問小學共有幾所？

A：三所？！不，稍等一下。如果三人上同一學校，只有一所小學。

Q：叔父呢？

A：三人為兄弟姐妹，叔父只有一人……。

Q：那麼，自行車呢？

A：共用一台？這倒不一定，可能是三台！

問題35

某棒球隊，在球賽之前半場，A之打擊率比B高，但球賽後半場，A的打擊率超越B。則，以全體看，A與B之打擊率何者高？

發生在加州，真實的反敗為勝現象

回歸根本質疑大前提，是考慮一切可能心智之最佳方法。意味前面之問題34不致太困難。

問題35為棒球之例，比前面之問題稍微高難度。

正解　「不能判斷」

前半場與後半場都是A的打擊率比B高，故以整體看，A的打擊率較高，此為一般性想法。

但，在此以RTB技巧思考，發覺有如下之情形。

假定前半場，A打擊八次有一次安打（一成二分五厘），B打擊四次〇安打

（〇成）。後半場，A打擊二次一次安打（五成）、B打擊五次二次安打（四成）。前半場、後半場都是A的打擊率高。但以整體看，A是打擊十次二次安打（二成），B是打擊九次二次安打（二成二分二厘），故B的打擊率超越A的打擊率。

能解決此問題，下列之問題更簡單。

問題36

這是美國的大學所發生之事。某年之入學測試，任何學系都是女學生及格率低於男學生及格率，故部分家長埋怨女性被歧視。認為事態嚴重之大學當局，立即進行調查，而發表意外的調查結果，「以全學年計算，女學生的及格率比男學生高」。大學當局是否說謊呢？

這是一九七〇年代，加州州立大學柏克萊分校實際發生之事。

當然，大學方面亦非捏造資料，發表虛偽的調查結果，意圖矇騙。

如此之逆轉現象，在日常生活中很少發生，但回歸根本思考，則一點也不值得驚訝！

但為使人充分接受，於次頁介紹數學家一杉信先生之逆轉例，如一七〇頁。

描繪三條直線，非南極即北極交叉

最後，以RTB適用空間認識，乍見不可能的問題，也化為可能性之二個例題。

問題37　如圖般，以一筆劃使六條直線連結十六個點。

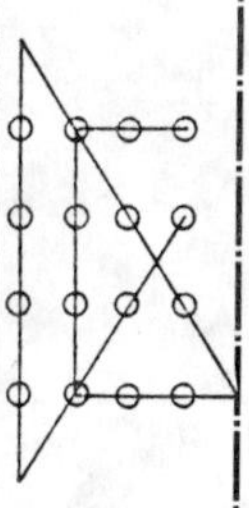

在問題上，並未提示直線不可脫離所形成「虛四角形」之外。

則，下個問題如何呢？

問題38　以三條直線連結九個點。

依圖看，這九個點，並非無大小、寬度之幾何學上的「點」。能發覺這事實，即可浮現一種答案之構想。而能思考到此狀態的人，可謂創造性思考的中級者。

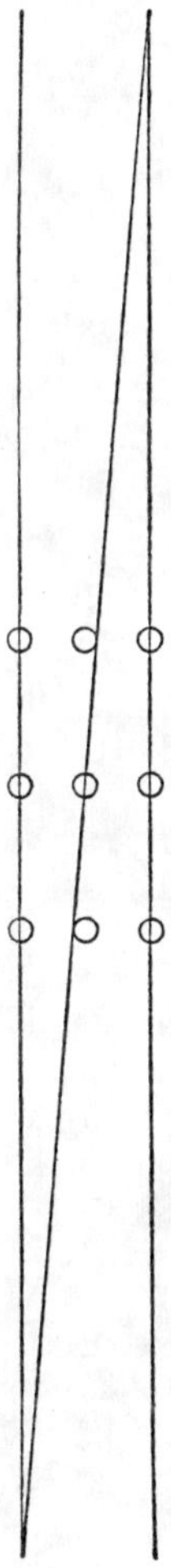

• 女學生及格率高之狀態

	男	生			女	生	
	受試者人數	及格者數	及格率	大小	受試者人數	及格者數	及格率
文學系	100人	60人	60%	＞	500人	260人	52%
工學系	1000人	380人	38%	＞	40人	10人	25%
計	1100人	440人	40%	＜	540人	270人	50%

但，假定本問題的九個點，是真正的「點」，也能充分活用一五的「構想技巧」，而不足為懼。

例如，將通過三個點的三條平行線，上下兩方向無線延伸。亦即，依據數學上射影空間的方法思考。則此三條平行線會在無限遠點交叉！

或作如下之思考。

將本書正確的朝南北方向。然後，將南北排列的各三個點，以三條直線連結。這直線，必然與地球的經線平行。

衆所皆知，經線在南北極交叉。亦即，三條直線亦會無限延伸，而在北極點或南極點之一點相交。

如提波諾所言，「創造性構想技術」與汽車駕駛、游泳、滑雪、投鏢、烹飪、編織等技術相似。只要擁有意願不斷練習，就可學會。

同時，習會這技術後，樂趣愈增。最初，由於不熟練而感覺不出。也許會遭遇無數失敗的挫折。但假以時日，不斷練習、累積經驗，真正融會此技巧，必能享受「思考之樂趣」。

接著，請你嘗試一番。依十五種「構想技巧」武裝，積極向工作上所遭遇之難題挑戰。

大展出版社有限公司　圖書目錄

地址：台北市北投區11204
致遠一路二段12巷1號
郵撥：0166955～1
電話：(02) 8236031
8236033
傳眞：(02) 8272069

・法律專欄連載・電腦編號58

台大法學院　法律學系／策劃　法律服務社／編著

①別讓您的權利睡著了[1]	200元
②別讓您的權利睡著了[2]	200元

・秘傳占卜系列・電腦編號14

①手相術	淺野八郎著	150元
②人相術	淺野八郎著	150元
③西洋占星術	淺野八郎著	150元
④中國神奇占卜	淺野八郎著	150元
⑤夢判斷	淺野八郎著	150元
⑥前世、來世占卜	淺野八郎著	150元
⑦法國式血型學	淺野八郎著	150元
⑧靈感、符咒學	淺野八郎著	150元

・趣味心理講座・電腦編號15

①性格測驗1	探索男與女	淺野八郎著	140元
②性格測驗2	透視人心奧秘	淺野八郎著	140元
③性格測驗3	發現陌生的自己	淺野八郎著	140元
④性格測驗4	發現你的真面目	淺野八郎著	140元
⑤性格測驗5	讓你們吃驚	淺野八郎著	140元
⑥性格測驗6	洞穿心理盲點	淺野八郎著	140元
⑦性格測驗7	探索對方心理	淺野八郎著	140元
⑧性格測驗8	由吃認識自己	淺野八郎著	140元
⑨性格測驗9	戀愛知多少	淺野八郎著	140元
⑩性格測驗10	由裝扮瞭解人心	淺野八郎著	140元
⑪性格測驗11	敲開內心玄機	淺野八郎著	140元
⑫性格測驗12	透視你的未來	淺野八郎著	140元
⑬血型與你的一生		淺野八郎著	140元

⑭趣味推理遊戲	淺野八郎著	140元

•婦 幼 天 地• 電腦編號 16

①八萬人減肥成果	黃靜香譯	150元
②三分鐘減肥體操	楊鴻儒譯	130元
③窈窕淑女美髮秘訣	柯素娥譯	130元
④使妳更迷人	成 玉譯	130元
⑤女性的更年期	官舒妍編譯	130元
⑥胎內育兒法	李玉瓊編譯	120元
⑦早產兒袋鼠式護理	唐岱蘭譯	200元
⑧初次懷孕與生產	婦幼天地編譯組	180元
⑨初次育兒12個月	婦幼天地編譯組	180元
⑩斷乳食與幼兒食	婦幼天地編譯組	180元
⑪培養幼兒能力與性向	婦幼天地編譯組	180元
⑫培養幼兒創造力的玩具與遊戲	婦幼天地編譯組	180元
⑬幼兒的症狀與疾病	婦幼天地編譯組	180元
⑭腿部苗條健美法	婦幼天地編譯組	150元
⑮女性腰痛別忽視	婦幼天地編譯組	150元
⑯舒展身心體操術	李玉瓊編譯	130元
⑰三分鐘臉部體操	趙薇妮著	120元
⑱生動的笑容表情術	趙薇妮著	120元
⑲心曠神怡減肥法	川津祐介著	130元
⑳內衣使妳更美麗	陳玄茹譯	130元
㉑瑜伽美姿美容	黃靜香編著	150元
㉒高雅女性裝扮學	陳珮玲譯	180元
㉓蠶糞肌膚美顏法	坂梨秀子著	160元
㉔認識妳的身體	李玉瓊譯	160元

•青 春 天 地• 電腦編號 17

①A血型與星座	柯素娥編譯	120元
②B血型與星座	柯素娥編譯	120元
③O血型與星座	柯素娥編譯	120元
④AB血型與星座	柯素娥編譯	120元
⑤青春期性教室	呂貴嵐編譯	130元
⑥事半功倍讀書法	王毅希編譯	130元
⑦難解數學破題	宋釗宜編譯	130元
⑧速算解題技巧	宋釗宜編譯	130元
⑨小論文寫作秘訣	林顯茂編譯	120元
⑩視力恢復！超速讀術	江錦雲譯	130元

⑪中學生野外遊戲	熊谷康編著	120元
⑫恐怖極短篇	柯素娥編譯	130元
⑬恐怖夜話	小毛驢編譯	130元
⑭恐怖幽默短篇	小毛驢編譯	120元
⑮黑色幽默短篇	小毛驢編譯	120元
⑯靈異怪談	小毛驢編譯	130元
⑰錯覺遊戲	小毛驢編譯	130元
⑱整人遊戲	小毛驢編譯	120元
⑲有趣的超常識	柯素娥編譯	130元
⑳哦！原來如此	林慶旺編譯	130元
㉑趣味競賽100種	劉名揚編譯	120元
㉒數學謎題入門	宋釗宜編譯	150元
㉓數學謎題解析	宋釗宜編譯	150元
㉔透視男女心理	林慶旺編譯	120元
㉕少女情懷的自白	李桂蘭編譯	120元
㉖由兄弟姊妹看命運	李玉瓊編譯	130元
㉗趣味的科學魔術	林慶旺編譯	150元
㉘趣味的心理實驗室	李燕玲編譯	150元
㉙愛與性心理測驗	小毛驢編譯	130元
㉚刑案推理解謎	小毛驢編譯	130元
㉛偵探常識推理	小毛驢編譯	130元
㉜偵探常識解謎	小毛驢編譯	130元
㉝偵探推理遊戲	小毛驢編譯	130元
㉞趣味的超魔術	廖玉山編著	150元
㉟趣味的珍奇發明	柯素娥編著	150元

・健 康 天 地・電腦編號 18

①壓力的預防與治療	柯素娥編譯	130元
②超科學氣的魔力	柯素娥編譯	130元
③尿療法治病的神奇	中尾良一著	130元
④鐵證如山的尿療法奇蹟	廖玉山譯	120元
⑤一日斷食健康法	葉慈容編譯	120元
⑥胃部強健法	陳炳崑譯	120元
⑦癌症早期檢查法	廖松濤譯	130元
⑧老人痴呆症防止法	柯素娥編譯	130元
⑨松葉汁健康飲料	陳麗芬編譯	130元
⑩揉肚臍健康法	永井秋夫著	150元
⑪過勞死、猝死的預防	卓秀貞編譯	130元
⑫高血壓治療與飲食	藤山順豐著	150元
⑬老人看護指南	柯素娥編譯	150元

⑭美容外科淺談　楊啟宏著　150元
⑮美容外科新境界　楊啟宏著　150元
⑯鹽是天然的醫生　西英司郎著　140元
⑰年輕十歲不是夢　梁瑞麟譯　200元
⑱茶料理治百病　桑野和民著　180元
⑲綠茶治病寶典　桑野和民著　150元
⑳杜仲茶養顏減肥法　西田博著　150元
㉑蜂膠驚人療效　瀨長良三郎著　160元
㉒蜂膠治百病　瀨長良三郎著　元

•實用女性學講座• 電腦編號 19

①解讀女性內心世界　島田一男著　150元
②塑造成熟的女性　島田一男著　150元

•校 園 系 列• 電腦編號 20

①讀書集中術　多湖輝著　150元
②應考的訣竅　多湖輝著　150元
③輕鬆讀書贏得聯考　多湖輝著　150元
④讀書記憶秘訣　多湖輝著　150元

•實用心理學講座• 電腦編號 21

①拆穿欺騙伎倆　多湖輝著　140元
②創造好構想　多湖輝著　140元
③面對面心理術　多湖輝著　140元
④偽裝心理術　多湖輝著　140元
⑤透視人性弱點　多湖輝著　140元
⑥自我表現術　多湖輝著　150元
⑦不可思議的人性心理　多湖輝著　150元
⑧催眠術入門　多湖輝著　150元
⑨責罵部屬的藝術　多湖輝著　150元
⑩精神力　多湖輝著　150元
⑪厚黑說服術　多湖輝著　150元
⑫集中力　多湖輝著　150元

•超現實心理講座• 電腦編號 22

①超意識覺醒法　詹蔚芬編譯　130元
②護摩秘法與人生　劉名揚編譯　130元

③秘法！超級仙術入門	陸　明譯	150元
④給地球人的訊息	柯素娥編著	150元
⑤密教的神通力	劉名揚編著	130元
⑥神秘奇妙的世界	平川陽一著	180元

•養生保健• 電腦編號23

①醫療養生氣功	黃孝寛著	250元
②中國氣功圖譜	余功保著	230元
③少林醫療氣功精粹	井玉蘭著	250元
④龍形實用氣功	吳大才等著	220元
⑤魚戲增視強身氣功	宮　嬰著	220元
⑥嚴新氣功	前新培金著	250元
⑦道家玄牝氣功	張　章著	元
⑧仙家秘傳袪病功	李遠國著	元

•心靈雅集• 電腦編號00

①禪言佛語看人生	松濤弘道著	180元
②禪密教的奥秘	葉逯謙譯	120元
③觀音大法力	田口日勝著	120元
④觀音法力的大功德	田口日勝著	120元
⑤達摩禪106智慧	劉華亭編譯	150元
⑥有趣的佛教研究	葉逯謙編譯	120元
⑦夢的開運法	蕭京凌譯	130元
⑧禪學智慧	柯素娥編譯	130元
⑨女性佛教入門	許俐萍譯	110元
⑩佛像小百科	心靈雅集編譯組	130元
⑪佛教小百科趣談	心靈雅集編譯組	120元
⑫佛教小百科漫談	心靈雅集編譯組	150元
⑬佛教知識小百科	心靈雅集編譯組	150元
⑭佛學名言智慧	松濤弘道著	180元
⑮釋迦名言智慧	松濤弘道著	180元
⑯活人禪	平田精耕著	120元
⑰坐禪入門	柯素娥編譯	120元
⑱現代禪悟	柯素娥編譯	130元
⑲道元禪師語錄	心靈雅集編譯組	130元
⑳佛學經典指南	心靈雅集編譯組	130元
㉑何謂「生」　阿含經	心靈雅集編譯組	150元
㉒一切皆空　般若心經	心靈雅集編譯組	150元
㉓超越迷惘　法句經	心靈雅集編譯組	130元

㉔開拓宇宙觀　華嚴經	心靈雅集編譯組	130元
㉕真實之道　法華經	心靈雅集編譯組	130元
㉖自由自在　涅槃經	心靈雅集編譯組	130元
㉗沈默的教示　維摩經	心靈雅集編譯組	150元
㉘開通心眼　佛語佛戒	心靈雅集編譯組	130元
㉙揭秘寶庫　密教經典	心靈雅集編譯組	130元
㉚坐禪與養生	廖松濤譯	110元
㉛釋尊十戒	柯素娥編譯	120元
㉜佛法與神通	劉欣如編著	120元
㉝悟（正法眼藏的世界）	柯素娥編譯	120元
㉞只管打坐	劉欣如編譯	120元
㉟喬答摩・佛陀傳	劉欣如編著	120元
㊱唐玄奘留學記	劉欣如編譯	120元
㊲佛教的人生觀	劉欣如編譯	110元
㊳無門關（上卷）	心靈雅集編譯組	150元
㊴無門關（下卷）	心靈雅集編譯組	150元
㊵業的思想	劉欣如編著	130元
㊶佛法難學嗎	劉欣如著	140元
㊷佛法實用嗎	劉欣如著	140元
㊸佛法殊勝嗎	劉欣如著	140元
㊹因果報應法則	李常傳編	140元
㊺佛教醫學的奧秘	劉欣如編著	150元
㊻紅塵絕唱	海　若著	130元
㊼佛教生活風情	洪丕謨、姜玉珍著	220元
㊽行住坐臥有佛法	劉欣如著	160元
㊾起心動念是佛法	劉欣如著	160元

・經 營 管 理・電腦編號 01

◎創新經營六十六大計（精）	蔡弘文編	780元
①如何獲取生意情報	蘇燕謀譯	110元
②經濟常識問答	蘇燕謀譯	130元
③股票致富68秘訣	簡文祥譯	100元
④台灣商戰風雲錄	陳中雄著	120元
⑤推銷大王秘錄	原一平著	100元
⑥新創意・賺大錢	王家成譯	90元
⑦工廠管理新手法	琪　輝著	120元
⑧奇蹟推銷術	蘇燕謀譯	100元
⑨經營參謀	柯順隆譯	120元
⑩美國實業24小時	柯順隆譯	80元
⑪撼動人心的推銷法	原一平著	120元

⑫高竿經營法	蔡弘文編	120元
⑬如何掌握顧客	柯順隆譯	150元
⑭一等一賺錢策略	蔡弘文編	120元
⑯成功經營妙方	鐘文訓著	120元
⑰一流的管理	蔡弘文編	150元
⑱外國人看中韓經濟	劉華亭譯	150元
⑲企業不良幹部群相	琪輝編著	120元
⑳突破商場人際學	林振輝編著	90元
㉑無中生有術	琪輝編著	140元
㉒如何使女人打開錢包	林振輝編著	100元
㉓操縱上司術	邑井操著	90元
㉔小公司經營策略	王嘉誠著	100元
㉕成功的會議技巧	鐘文訓編譯	100元
㉖新時代老闆學	黃柏松編著	100元
㉗如何創造商場智囊團	林振輝編譯	150元
㉘十分鐘推銷術	林振輝編譯	120元
㉙五分鐘育才	黃柏松編譯	100元
㉚成功商場戰術	陸明編譯	100元
㉛商場談話技巧	劉華亭編譯	120元
㉜企業帝王學	鐘文訓譯	90元
㉝自我經濟學	廖松濤編譯	100元
㉞一流的經營	陶田生編著	120元
㉟女性職員管理術	王昭國編譯	120元
㊱ＩＢＭ的人事管理	鐘文訓編譯	150元
㊲現代電腦常識	王昭國編譯	150元
㊳電腦管理的危機	鐘文訓編譯	120元
㊴如何發揮廣告效果	王昭國編譯	150元
㊵最新管理技巧	王昭國編譯	150元
㊶一流推銷術	廖松濤編譯	120元
㊷包裝與促銷技巧	王昭國編譯	130元
㊸企業王國指揮塔	松下幸之助著	120元
㊹企業精銳兵團	松下幸之助著	120元
㊺企業人事管理	松下幸之助著	100元
㊻華僑經商致富術	廖松濤編譯	130元
㊼豐田式銷售技巧	廖松濤編譯	120元
㊽如何掌握銷售技巧	王昭國編著	130元
㊿洞燭機先的經營	鐘文訓編譯	150元
52新世紀的服務業	鐘文訓編譯	100元
53成功的領導者	廖松濤編譯	120元
54女推銷員成功術	李玉瓊編譯	130元
55ＩＢＭ人才培育術	鐘文訓編譯	100元

㊻企業人自我突破法	黃琪輝編著	150元
㊽財富開發術	蔡弘文編著	130元
㊾成功的店舗設計	鐘文訓編著	150元
㉑企管回春法	蔡弘文編著	130元
㉒小企業經營指南	鐘文訓編譯	100元
㉓商場致勝名言	鐘文訓編譯	150元
㉔迎接商業新時代	廖松濤編譯	100元
㉖新手股票投資入門	何朝乾　編	180元
㉗上揚股與下跌股	何朝乾編譯	180元
㉘股票速成學	何朝乾編譯	180元
㉙理財與股票投資策略	黃俊豪編著	180元
㉚黃金投資策略	黃俊豪編著	180元
㉛厚黑管理學	廖松濤編譯	180元
㉜股市致勝格言	呂梅莎編譯	180元
㉝透視西武集團	林谷燁編譯	150元
㉞巡迴行銷術	陳蒼杰譯	150元
㉟推銷的魔術	王嘉誠譯	120元
㊱60秒指導部屬	周蓮芬編譯	150元
㊲精銳女推銷員特訓	李玉瓊編譯	130元
㊳企劃、提案、報告圖表的技巧	鄭　汶　譯	180元
㊴海外不動產投資	許達守編譯	150元
㊵八百件的世界策略	李玉瓊譯	150元
㊶服務業品質管理	吳宜芬譯	180元
㊷零庫存銷售	黃東謙編譯	150元
㊸三分鐘推銷管理	劉名揚編譯	150元
㊹推銷大王奮鬥史	原一平著	150元
㊺豐田汽車的生產管理	林谷燁編譯	150元

・成功寶庫・電腦編號 02

①上班族交際術	江森滋著	100元
②拍馬屁訣竅	廖玉山編譯	110元
④聽話的藝術	歐陽輝編譯	110元
⑨求職轉業成功術	陳　義編著	110元
⑩上班族禮儀	廖玉山編著	120元
⑪接近心理學	李玉瓊編著	100元
⑫創造自信的新人生	廖松濤編著	120元
⑭上班族如何出人頭地	廖松濤編著	100元
⑮神奇瞬間瞑想法	廖松濤編譯	100元
⑯人生成功之鑰	楊意苓編著	150元
⑱潛在心理術	多湖輝　著	100元

⑲給企業人的諍言	鐘文訓編著	120元
⑳企業家自律訓練法	陳　義編譯	100元
㉑上班族妖怪學	廖松濤編著	100元
㉒猶太人縱橫世界的奇蹟	孟佑政編著	110元
㉓訪問推銷術	黃静香編著	130元
㉕你是上班族中強者	嚴思圖編著	100元
㉖向失敗挑戰	黃静香編著	100元
㉙機智應對術	李玉瓊編著	130元
㉚成功頓悟100則	蕭京凌編譯	130元
㉛掌握好運100則	蕭京凌編譯	110元
㉜知性幽默	李玉瓊編譯	130元
㉝熟記對方絕招	黃静香編譯	100元
㉞男性成功秘訣	陳蒼杰編譯	130元
㊱業務員成功秘方	李玉瓊編著	120元
㊲察言觀色的技巧	劉華亭編著	130元
㊳一流領導力	施義彥編譯	120元
㊴一流說服力	李玉瓊編著	130元
㊵30秒鐘推銷術	廖松濤編譯	120元
㊶猶太成功商法	周蓮芬編譯	120元
㊷尖端時代行銷策略	陳蒼杰編著	100元
㊸顧客管理學	廖松濤編著	100元
㊹如何使對方說Yes	程　羲編著	150元
㊺如何提高工作效率	劉華亭編著	150元
㊼上班族口才學	楊鴻儒譯	120元
㊽上班族新鮮人須知	程　羲編著	120元
㊾如何左右逢源	程　羲編著	130元
㊿語言的心理戰	多湖輝著	130元
51扣人心弦演說術	劉名揚編著	120元
53如何增進記憶力、集中力	廖松濤譯	130元
55性惡企業管理學	陳蒼杰譯	130元
56自我啟發200招	楊鴻儒編著	150元
57做個傑出女職員	劉名揚編著	130元
58靈活的集團營運術	楊鴻儒編著	120元
60個案研究活用法	楊鴻儒編著	130元
61企業教育訓練遊戲	楊鴻儒編著	120元
62管理者的智慧	程　義編譯	130元
63做個佼佼管理者	馬筱莉編譯	130元
64智慧型說話技巧	沈永嘉編譯	130元
66活用佛學於經營	松濤弘道著	150元
67活用禪學於企業	柯素娥編譯	130元
68詭辯的智慧	沈永嘉編譯	130元

⑲幽默詭辯術	廖玉山編譯	130元
⑳拿破崙智慧箴言	柯素娥編譯	130元
㉑自我培育・超越	蕭京凌編譯	150元
㉒深層心理術	多湖輝著	130元
㉓深層語言術	多湖輝著	130元
㉔時間即一切	沈永嘉編譯	130元
㉕自我脫胎換骨	柯素娥譯	150元
㉖贏在起跑點—人才培育鐵則	楊鴻儒編譯	150元
㉗做一枚活棋	李玉瓊編譯	130元
㉘面試成功戰略	柯素娥編譯	130元
㉙自我介紹與社交禮儀	柯素娥編譯	150元
㉚說NO的技巧	廖玉山編譯	130元
㉛瞬間攻破心防法	廖玉山編譯	120元
㉜改變一生的名言	李玉瓊編譯	130元
㉝性格性向創前程	楊鴻儒編譯	130元
㉞訪問行銷新竅門	廖玉山編譯	150元
㉟無所不達的推銷話術	李玉瓊編譯	150元

•處世智慧• 電腦編號03

①如何改變你自己	陸明編譯	120元
②人性心理陷阱	多湖輝著	90元
④幽默說話術	林振輝編譯	120元
⑤讀書36計	黃柏松編譯	120元
⑥靈感成功術	譚繼山編譯	80元
⑧扭轉一生的五分鐘	黃柏松編譯	100元
⑨知人、知面、知其心	林振輝譯	110元
⑩現代人的詭計	林振輝譯	100元
⑫如何利用你的時間	蘇遠謀譯	80元
⑬口才必勝術	黃柏松編譯	120元
⑭女性的智慧	譚繼山編譯	90元
⑮如何突破孤獨	張文志編譯	80元
⑯人生的體驗	陸明編譯	80元
⑰微笑社交術	張芳明譯	90元
⑱幽默吹牛術	金子登著	90元
⑲攻心說服術	多湖輝著	100元
⑳當機立斷	陸明編譯	70元
㉑勝利者的戰略	宋恩臨編譯	80元
㉒如何交朋友	安紀芳編著	70元
㉓鬥智奇謀（諸葛孔明兵法）	陳炳崑著	70元
㉔慧心良言	亦　奇著	80元

㉕名家慧語	蔡逸鴻主編	90元
㉗稱霸者啟示金言	黃柏松編譯	90元
㉘如何發揮你的潛能	陸明編譯	90元
㉙女人身態語言學	李常傳譯	130元
㉚摸透女人心	張文志譯	90元
㉛現代戀愛秘訣	王家成譯	70元
㉜給女人的悄悄話	妮倩編譯	90元
㉞如何開拓快樂人生	陸明編譯	90元
㉟驚人時間活用法	鐘文訓譯	80元
㊱成功的捷徑	鐘文訓譯	70元
㊲幽默逗笑術	林振輝著	120元
㊳活用血型讀書法	陳炳崑譯	80元
㊴心　燈	葉于模著	100元
㊵當心受騙	林顯茂譯	90元
㊶心・體・命運	蘇燕謀譯	70元
㊷如何使頭腦更敏銳	陸明編譯	70元
㊸宮本武藏五輪書金言錄	宮本武藏著	100元
㊺勇者的智慧	黃柏松編譯	80元
㊼成熟的愛	林振輝譯	120元
㊽現代女性駕馭術	蔡德華著	90元
㊾禁忌遊戲	酒井潔著	90元
52摸透男人心	劉華亭編譯	80元
53如何達成願望	謝世輝著	90元
54創造奇蹟的「想念法」	謝世輝著	90元
55創造成功奇蹟	謝世輝著	90元
56男女幽默趣典	劉華亭譯	90元
57幻想與成功	廖松濤譯	80元
58反派角色的啟示	廖松濤編譯	70元
59現代女性須知	劉華亭編著	75元
61機智說話術	劉華亭編譯	100元
62如何突破內向	姜倩怡編譯	110元
64讀心術入門	王家成編譯	100元
65如何解除內心壓力	林美羽編著	110元
66取信於人的技巧	多湖輝著	110元
67如何培養堅強的自我	林美羽編著	90元
68自我能力的開拓	卓一凡編著	110元
70縱橫交涉術	嚴思圖編著	90元
71如何培養妳的魅力	劉文珊編著	90元
72魅力的力量	姜倩怡編著	90元
73金錢心理學	多湖輝著	100元
74語言的圈套	多湖輝著	110元

⑺個性膽怯者的成功術	廖松濤編譯	100元
⑻人性的光輝	文可式編著	90元
⑼驚人的速讀術	鐘文訓編譯	90元
⑽培養靈敏頭腦秘訣	廖玉山編著	90元
⑾夜晚心理術	鄭秀美編譯	80元
⑿如何做個成熟的女性	李玉瓊編著	80元
⒀現代女性成功術	劉文珊編著	90元
⒁成功說話技巧	梁惠珠編譯	100元
⒂人生的真諦	鐘文訓編譯	100元
⒃妳是人見人愛的女孩	廖松濤編著	120元
⒄指尖・頭腦體操	蕭京凌編譯	90元
⒅電話應對禮儀	蕭京凌編著	90元
⒆自我表現的威力	廖松濤編譯	100元
⒇名人名語啟示錄	喬家楓編著	100元
⑼男與女的哲思	程鐘梅編譯	110元
⑽靈思慧語	牧　風著	110元
⑾心靈夜語	牧　風著	100元
⑿激盪腦力訓練	廖松濤編譯	100元
⒀三分鐘頭腦活性法	廖玉山編譯	110元
⒁星期一的智慧	廖玉山編譯	100元
⒂溝通說服術	賴文琇編譯	100元
⒃超速讀超記憶法	廖松濤編譯	120元

•健康與美容•電腦編號04

①B型肝炎預防與治療	曾慧琪譯	130元
③媚酒傳（中國王朝秘酒）	陸明主編	120元
④藥酒與健康果菜汁	成玉主編	150元
⑤中國回春健康術	蔡一藩著	100元
⑥奇蹟的斷食療法	蘇燕謀譯	110元
⑧健美食物法	陳炳崑譯	120元
⑨驚異的漢方療法	唐龍編著	90元
⑩不老強精食	唐龍編著	100元
⑪經脈美容法	月乃桂子著	90元
⑫五分鐘跳繩健身法	蘇明達譯	100元
⑬睡眠健康法	王家成譯	80元
⑭你就是名醫	張芳明譯	90元
⑮如何保護你的眼睛	蘇燕謀譯	70元
⑯自我指壓術	今井義睛著	120元
⑰室內身體鍛鍊法	陳炳崑譯	100元
⑲釋迦長壽健康法	譚繼山譯	90元

⑳腳部按摩健康法	譚繼山譯	120元
㉑自律健康法	蘇明達譯	90元
㉓身心保健座右銘	張仁福著	160元
㉔腦中風家庭看護與運動治療	林振輝譯	100元
㉕秘傳醫學人相術	成玉主編	120元
㉖導引術入門(1)治療慢性病	成玉主編	110元
㉗導引術入門(2)健康・美容	成玉主編	110元
㉘導引術入門(3)身心健康法	成玉主編	110元
㉙妙用靈藥・蘆薈	李常傳譯	90元
㉚萬病回春百科	吳通華著	150元
㉛初次懷孕的10個月	成玉編譯	100元
㉜中國秘傳氣功治百病	陳炳崑編譯	130元
㉞仙人成仙術	陸明編譯	100元
㉟仙人長生不老學	陸明編譯	100元
㊱釋迦秘傳米粒刺激法	鐘文訓譯	120元
㊲痔・治療與預防	陸明編譯	130元
㊳自我防身絕技	陳炳崑編譯	120元
㊴運動不足時疲勞消除法	廖松濤譯	110元
㊵三溫暖健康法	鐘文訓編譯	90元
㊷維他命C新效果	鐘文訓譯	90元
㊸維他命與健康	鐘文訓譯	150元
㊺森林浴—綠的健康法	劉華亭編譯	80元
㊼導引術入門(4)酒浴健康法	成玉主編	90元
㊽導引術入門(5)不老回春法	成玉主編	90元
㊾山白竹（劍竹）健康法	鐘文訓譯	90元
㊿解救你的心臟	鐘文訓編譯	100元
51牙齒保健法	廖玉山譯	90元
52超人氣功法	陸明編譯	110元
53超能力秘密開發法	廖松濤譯	80元
54借力的奇蹟(1)	力拔山著	100元
55借力的奇蹟(2)	力拔山著	100元
56五分鐘小睡健康法	呂添發撰	100元
57禿髮、白髮預防與治療	陳炳崑撰	120元
58吃出健康藥膳	劉大器著	100元
59艾草健康法	張汝明編譯	90元
60一分鐘健康診斷	蕭京凌編譯	90元
61念術入門	黃靜香編譯	90元
62念術健康法	黃靜香編譯	90元
63健身回春法	梁惠珠編譯	100元
64姿勢養生法	黃秀娟編譯	90元
65仙人瞑想法	鐘文訓譯	120元

⑯人蔘的神效	林慶旺譯	100元
⑰奇穴治百病	吳通華著	120元
⑱中國傳統健康法	靳海東著	100元
⑲下半身減肥法	納他夏・史達賓著	110元
⑳使妳的肌膚更亮麗	楊　皓編譯	100元
㉑酵素健康法	楊　皓編譯	120元
㉓腰痛預防與治療	五味雅吉著	100元
㉔如何預防心臟病・腦中風	譚定長等著	100元
㉕少女的生理秘密	蕭京凌譯	120元
㉖頭部按摩與針灸	楊鴻儒譯	100元
㉗雙極療術入門	林聖道著	100元
㉘氣功自療法	梁景蓮著	120元
㉙大蒜健康法	李玉瓊編譯	100元
㉚紅蘿蔔汁斷食療法	李玉瓊譯	120元
㉛健胸美容秘訣	黃靜香譯	100元
㉜鍺奇蹟療效	林宏儒譯	120元
㉝三分鐘健身運動	廖玉山譯	120元
㉞尿療法的奇蹟	廖玉山譯	120元
㉟神奇的聚積療法	廖玉山譯	120元
㊱預防運動傷害伸展體操	楊鴻儒編譯	120元
㊲糖尿病預防與治療	石莉涓譯	150元
㊳五日就能改變你	柯素娥譯	110元
㊴三分鐘氣功健康法	陳美華譯	120元
㊵痛風劇痛消除法	余昇凌譯	120元
㊶道家氣功術	早島正雄著	130元
㊷氣功減肥術	早島正雄著	120元
㊸超能力氣功法	柯素娥譯	130元
㊹氣的瞑想法	早島正雄著	120元

・家庭／生活・電腦編號05

①單身女郎生活經驗談	廖玉山編著	100元
②血型・人際關係	黃静編著	120元
③血型・妻子	黃静編著	110元
④血型・丈夫	廖玉山編譯	130元
⑤血型・升學考試	沈永嘉編譯	120元
⑥血型・臉型・愛情	鐘文訓編譯	120元
⑦現代社交須知	廖松濤編譯	100元
⑧簡易家庭按摩	鐘文訓編譯	150元
⑨圖解家庭看護	廖玉山編譯	120元
⑩生男育女隨心所欲	岡正基編著	120元

⑪家庭急救治療法	鐘文訓編著	100元
⑫新孕婦體操	林曉鐘譯	120元
⑬從食物改變個性	廖玉山編譯	100元
⑭藥草的自然療法	東城百合子著	200元
⑮糙米菜食與健康料理	東城百合子著	180元
⑯現代人的婚姻危機	黃　靜編著	90元
⑰親子遊戲　0歲	林慶旺編譯	100元
⑱親子遊戲　1～2歲	林慶旺編譯	110元
⑲親子遊戲　3歲	林慶旺編譯	100元
⑳女性醫學新知	林曉鐘編譯	130元
㉑媽媽與嬰兒	張汝明編譯	150元
㉒生活智慧百科	黃　靜編譯	100元
㉓手相・健康・你	林曉鐘編譯	120元
㉔菜食與健康	張汝明編譯	110元
㉕家庭素食料理	陳東達著	140元
㉖性能力活用秘法	米開・尼里著	130元
㉗兩性之間	林慶旺編譯	120元
㉘性感經穴健康法	蕭京凌編譯	110元
㉙幼兒推拿健康法	蕭京凌編譯	100元
㉚談中國料理	丁秀山編著	100元
㉛舌技入門	增田豐　著	130元
㉜預防癌症的飲食法	黃靜香編譯	150元
㉝性與健康寶典	黃靜香編譯	180元
㉞正確避孕法	蕭京凌編譯	130元
㉟吃的更漂亮美容食譜	楊萬里著	120元
㊱圖解交際舞速成	鐘文訓編譯	150元
㊲觀相導引術	沈永嘉譯	130元
㊳初為人母12個月	陳義譯	130元
㊴圖解麻將入門	顧安行編譯	130元
㊵麻將必勝秘訣	石利夫編譯	130元
㊶女性一生與漢方	蕭京凌編譯	100元
㊷家電的使用與修護	鐘文訓編譯	130元
㊸錯誤的家庭醫療法	鐘文訓編譯	100元
㊹簡易防身術	陳慧珍編譯	130元
㊺茶健康法	鐘文訓編譯	130元
㊻雞尾酒大全	劉雪卿譯	180元
㊼生活的藝術	沈永嘉編著	120元
㊽雜草雜果健康法	沈永嘉編著	120元
㊾如何選擇理想妻子	荒谷慈著	110元
㊿如何選擇理想丈夫	荒谷慈著	110元
51中國食與性的智慧	根本光人著	150元

㊾開運法話	陳宏男譯	100元
㊿禪語經典<上>	平田精耕著	150元
54禪語經典<下>	平田精耕著	150元
55手掌按摩健康法	鐘文訓譯	150元
56脚底按摩健康法	鐘文訓譯	150元
57仙道運氣健身法	高藤聰一郎著	150元
58健心、健體呼吸法	蕭京凌譯	120元
59自彊術入門	蕭京凌譯	120元
60指技入門	增田豐著	130元
61下半身鍛鍊法	增田豐著	180元
62表象式學舞法	黃靜香編譯	180元
63圖解家庭瑜伽	鐘文訓譯	130元
64食物治療寶典	黃靜香編譯	130元
65智障兒保育入門	楊鴻儒譯	130元
66自閉兒童指導入門	楊鴻儒譯	150元
67乳癌發現與治療	黃靜香譯	130元
68盆栽培養與欣賞	廖啟新編譯	150元
69世界手語入門	蕭京凌編譯	150元
70賽馬必勝法	李錦雀編譯	200元
71中藥健康粥	蕭京凌編譯	120元
72健康食品指南	劉文珊編譯	130元
73健康長壽飲食法	鐘文訓編譯	150元
74夜生活規則	增田豐著	120元
75自製家庭食品	鐘文訓編譯	180元
76仙道帝王招財術	廖玉山譯	130元
77「氣」的蓄財術	劉名揚譯	130元
78佛教健康法入門	劉名揚譯	130元
79男女健康醫學	郭汝蘭譯	150元
80成功的果樹培育法	張煌編譯	130元
81實用家庭菜園	孔翔儀編譯	130元
82氣與中國飲食法	柯素娥編譯	130元
83世界生活趣譚	林其英著	160元
84胎教二八〇天	鄭淑美譯	180元
85酒自己動手釀	柯素娥編著	160元

•命理與預言•電腦編號06

①星座算命術	張文志譯	120元
③圖解命運學	陸明編著	100元
④中國秘傳面相術	陳炳崑編著	110元
⑤輪迴法則（生命轉生的秘密）	五島勉著	80元

⑥命名彙典	水雲居士編著	100元
⑦簡明紫微斗術命運學	唐龍編著	130元
⑧住宅風水吉凶判斷法	琪輝編譯	120元
⑨鬼谷算命秘術	鬼谷子著	150元
⑫簡明四柱推命學	李常傳編譯	150元
⑭十二支命相學	王家成譯	80元
⑮啟示錄中的世界末日	蘇燕謀編譯	80元
⑯簡明易占學	黃小娥著	100元
⑰指紋算命學	邱夢蕾譯	90元
⑱樸克牌占卜入門	王家成譯	100元
⑲Ａ血型與十二生肖	鄒雲英編譯	90元
⑳Ｂ血型與十二生肖	鄒雲英編譯	90元
㉑Ｏ血型與十二生肖	鄒雲英編譯	100元
㉒ＡＢ血型與十二生肖	鄒雲英編譯	90元
㉓筆跡占卜學	周子敬著	120元
㉔神秘消失的人類	林達中譯	80元
㉕世界之謎與怪談	陳炳崑譯	80元
㉖符咒術入門	柳玉山人編	100元
㉗神奇的白符咒	柳玉山人編	160元
㉘神奇的紫符咒	柳玉山人編	120元
㉙秘咒魔法開運術	吳慧鈴編譯	180元
㉚中國式面相學入門	蕭京凌編著	90元
㉛改變命運的手相術	鐘文訓編著	120元
㉜黃帝手相占術	鮑黎明著	130元
㉝惡魔的咒法	杜美芳譯	150元
㉞脚相開運術	王瑞禎譯	130元
㉟面相開運術	許麗玲譯	150元
㊱房屋風水與運勢	邱震睿編譯	160元
㊲商店風水與運勢	邱震睿編譯	130元
㊳諸葛流天文遁甲	巫立華譯	150元
㊴聖帝五龍占術	廖玉山譯	180元
㊵萬能神算	張助馨編著	120元
㊶神秘的前世占卜	劉名揚譯	150元
㊷諸葛流奇門遁甲	巫立華譯	150元
㊸諸葛流四柱推命	巫立華譯	180元

・教 養 特 輯・電腦編號 07

①管教子女絕招	多湖輝著	70元
⑤如何教育幼兒	林振輝譯	80元
⑥看圖學英文	陳炳崑編著	90元

⑦關心孩子的眼睛	陸明編	70元
⑧如何生育優秀下一代	邱夢蕾編著	100元
⑨父母如何與子女相處	安紀芳編譯	80元
⑩現代育兒指南	劉華亭編譯	90元
⑫如何培養自立的下一代	黃静香編譯	80元
⑬使用雙手增強腦力	沈永嘉編譯	70元
⑭教養孩子的母親暗示法	多湖輝著	90元
⑮奇蹟教養法	鐘文訓編譯	90元
⑯慈父嚴母的時代	多湖輝著	90元
⑰如何發現問題兒童的才智	林慶旺譯	100元
⑱再見！夜尿症	黃静香編譯	90元
⑲育兒新智慧	黃静編譯	90元
⑳長子培育術	劉華亭編譯	80元
㉑親子運動遊戲	蕭京凌編譯	90元
㉒一分鐘刺激會話法	鐘文訓編著	90元
㉓啟發孩子讀書的興趣	李玉瓊編著	100元
㉔如何使孩子更聰明	黃静編著	100元
㉕３・４歲育兒寶典	黃静香編譯	100元
㉖一對一教育法	林振輝編譯	100元
㉗母親的七大過失	鐘文訓編譯	100元
㉘幼兒才能開發測驗	蕭京凌編譯	100元
㉙教養孩子的智慧之眼	黃静香編譯	100元
㉚如何創造天才兒童	林振輝編譯	90元
㉛如何使孩子數學滿點	林明嬋編著	100元

・消 遣 特 輯・電腦編號08

①小動物飼養秘訣	徐道政譯	120元
②狗的飼養與訓練	張文志譯	100元
③四季釣魚法	釣朋會編	120元
④鴿的飼養與訓練	林振輝譯	120元
⑤金魚飼養法	鐘文訓編譯	130元
⑥熱帶魚飼養法	鐘文訓編譯	180元
⑦有趣的科學（動腦時間）	蘇燕謀譯	70元
⑧妙事多多	金家驊編譯	80元
⑨有趣的性知識	蘇燕謀編譯	100元
⑩圖解攝影技巧	譚繼山編譯	220元
⑪100種小鳥養育法	譚繼山編譯	200元
⑫樸克牌遊戲與贏牌秘訣	林振輝編譯	120元
⑬遊戲與餘興節目	廖松濤編著	100元
⑭樸克牌魔術・算命・遊戲	林振輝編譯	100元

⑯世界怪動物之謎	王家成譯	90元
⑰有趣智商測驗	譚繼山譯	120元
⑲絕妙電話遊戲	開心俱樂部著	80元
⑳透視超能力	廖玉山譯	90元
㉑戶外登山野營	劉青篁編譯	90元
㉒測驗你的智力	蕭京凌編著	90元
㉓有趣數字遊戲	廖玉山編著	90元
㉔巴士旅行遊戲	陳羲編著	110元
㉕快樂的生活常識	林泰彥編著	90元
㉖室內室外遊戲	蕭京凌編著	110元
㉗神奇的火柴棒測驗術	廖玉山編著	100元
㉘醫學趣味問答	陸明編譯	90元
㉙樸克牌單人遊戲	周蓮芬編譯	100元
㉚靈驗樸克牌占卜	周蓮芬編譯	120元
㉜性趣無窮	蕭京凌編譯	110元
㉝歡樂遊戲手册	張汝明編譯	100元
㉞美國技藝大全	程玫立編譯	100元
㉟聚會即興表演	高育強編譯	90元
㊱恐怖幽默	幽默選集編譯組	120元
㊲兩性幽默	幽默選集編譯組	100元
㊹藝術家幽默	幽默選集編譯組	100元
㊺旅遊幽默	幽默選集編譯組	100元
㊻投機幽默	幽默選集編譯組	100元
㊼異色幽默	幽默選集編譯組	100元
㊽青春幽默	幽默選集編譯組	100元
㊾焦點幽默	幽默選集編譯組	100元
㊿政治幽默	幽默選集編譯組	130元
51美國式幽默	幽默選集編譯組	130元

•語文特輯•電腦編號09

①日本話1000句速成	王復華編著	30元
②美國話1000句速成	吳銘編著	30元
③美國話1000句速成　附卡帶		220元
④日本話1000句速成　附卡帶		220元
⑤簡明日本話速成	陳炳崑編著	90元

•武術特輯•電腦編號10

①陳式太極拳入門	馮志強編著	150元
②武式太極拳	郝少如編著	150元

③練功十八法入門	蕭京凌編著	120元
④教門長拳	蕭京凌編譯	150元
⑤跆拳道	蕭京凌編譯	150元
⑥正傳合氣道	程曉鈴譯	150元
⑦圖解雙節棍	陳銘遠著	150元
⑧格鬥空手道	鄭旭旭編著	180元
⑨實用跆拳道	陳國榮編著	180元
⑩武術初學指南	李文英、解守德編著	250元
⑪泰國拳	陳國榮著	180元
⑫中國式摔跤	黃　斌編著	180元
⑬太極劍入門	李德印編著	180元

・趣味益智百科・電腦編號 11

①宇宙和星辰的奧妙	林振輝譯	70元
②神奇魔術入門	陳炳崑譯	70元
③智商180訓練金頭腦	徐道政譯	90元
④趣味遊戲107入門	徐道政譯	60元
⑤漫畫入門	張芳明譯	70元
⑥氣象觀測入門	陳炳崑譯	50元
⑦圖解游泳入門	黃慶篤譯	80元
⑧野外露營指南	林振輝譯	60元
⑨少女派對入門	陳昱仁譯	70元
⑩簡易勞作入門	陳昱仁譯	70元
⑪手製玩具入門	趣味百科編譯組	80元
⑫圖解遊戲百科	趣味百科編譯組	70元
⑬奇妙火柴棒遊戲	趣味百科編譯組	70元
⑭奇妙手指遊戲	趣味百科編譯組	70元
⑮快樂的勞作—走	趣味百科編譯組	70元
⑯快樂的勞作—動	趣味百科編譯組	70元
⑰快樂的勞作—飛	趣味百科編譯組	70元
⑱不可思議的恐龍	趣味百科編譯組	70元
⑲不可思議的化石	趣味百科編譯組	70元
⑳偵探推理入門	趣味百科編譯組	70元
㉑愛與幸福占星術	趣味百科編譯組	70元

・神奇傳眞・電腦編號 12

①鬼故事	賴曉梅著	70元
②妖怪故事	賴曉梅著	70元
③鬼怪故事	周維潔著	70元

國立中央圖書館出版品預行編目資料

構想力／多湖輝著；陳蒼杰譯，──初版
── 臺北市；大展，民84
面；　，公分──（實用心理學講座；13）
譯自：發想力
ISBN 957-557-494-X（平裝）

1.思考

176.4　　83012730

原書名：構想力
原出版社：株式會社ごま書房（Japan）
原著作者：©Akira Tago 1985
版權代理：宏儒企業有限公司

構想力

ISBN 957-557-494-X

原著者／多湖輝
編譯者／陳蒼杰
發行人／蔡森明
出版者／大展出版社有限公司
社　址／台北市北投區（石牌）致遠一路二段12巷1號
電　話／(02) 8236031・8236033
傳　眞／(02) 8272069
郵政劃撥／0166955－1
登記證／局版臺業字第2171號
承印者／高星企業有限公司
裝　訂／日新裝訂所
排版者／千賓電腦打字有限公司
電　話／（02）8836052
初　版／1995年（民84年）1月
定　價／150元

大展好書 好書大展

大展好書 好書大展